W0173933

Eri Krippner

Meerbusch im Plauderton

Geschichten und Anekdoten

Wartberg Verlag

Impressum

Bildnachweis

Stadtarchiv Meerbusch: Seite 9, 49; Inken Kuntze-Oster-
wind, Meerbusch: Seite 16; Familie Manfred Bogie, Meer-
busch: Seite 13; Uli Dackweiler, Meerbusch: Seite 28.
Umschlag Titel: Pavillon im Park Haus Meer
Umschlag Rückseite: Alter Markt Lank-Latum.
Alle anderen Fotos, inklusive der Umschlagbilder, Eri
Krippner.

Danksagung

Mein Dank gilt allen Meerbuscher Bürgern, die mit mir
gerne und freundlich über ihre Jugendzeit und über Er-
lebnisse in unserer Stadt geplaudert haben. Für sachliche
Unterstützung danke ich Herrn Franz Josef Radmacher,
Herrn Michael Regenbrecht und Herrn Reinhard Lutum.

1. Auflage 2012
Alle Rechte vorbehalten, auch die des auszugsweisen
Nachdrucks und der fotomechanischen Wiedergabe.
Layout: Attila Jo Ebersbach, Kassel
Satz: Schneider Professionell Design, Schlüchtern-Elm
Druck: Hoehl-Druck Medien + Service GmbH
Buchbinderische Verarbeitung:
Buchbinderei Büge, Celle
© Wartberg Verlag GmbH & Co. KG
34281 Gudensberg-Gleichen, Im Wiesental 1
Telefon: 05603/93050
www.wartberg-verlag.de
ISBN: 978-3-8313-2402-6

Inhalt

Meerbusch im Plauderton

Meerbusch verdient es, in aller Ruhe betrachtet zu werden. Vieles, was unsere Stadt ausmacht, erschließt sich nicht auf den ersten Blick, anderes wiederum ist schlichtweg unbekannt. So hat sich die Autorin Eri Krippner mit viel Herzblut darangemacht, Meerbusch einmal aus dem Blickwinkel hier lebender Menschen in den Fokus zu nehmen. Wie sehen sie ihre Stadt, was haben sie hier erlebt, geliebt, gefühlt oder mitgestaltet?

Zufriedenheitsstudien unter den Meerbuscherinnen und Meerbuschern stellen unserer Stadt ein erstklassiges Zeugnis aus. Weit über 80 Prozent der Menschen leben „sehr gern" oder „gern" bei uns. Lebensqualität, Mentalität, Landschaft oder das bunte Freizeit- und Kulturangebot in direkter Nachbarschaft zur Landeshauptstadt Düsseldorf machen Meerbusch attraktiv – das gefällt auch den vielen Gästen, die uns gern besuchen.

Vielleicht aber ist es auch der ganz eigene Vorzug Meerbuschs, gleichermaßen ländlich-gemütlich oder städtisch-schick daherzukommen. Der Weg ins nächste Naturschutzgebiet ist ebenso schnell zurückgelegt wie die Fahrt zur Königsallee nach Düsseldorf. Jeder der acht Stadtteile hat seinen ureigenen Charakter. Die Lebensqualität ist sprichwörtlich hoch.

Daneben fließt väterlich-allgegenwärtig der Rhein. Elf Kilometer Rheinufer säumen die Stadt. Der Rheindeich ist Tummelplatz für Spaziergänger, Radfahrer, Jogger und Skater, im Meerer Busch und im Herrenbusch findet der Mensch unter über hundertjährigen Buchen Ruhe und Entspannung. Auf dem Alten Markt in Lank-Latum oder im nächsten urigen Brauhaus lässt es sich ebenso vorzüglich speisen wie im Sterne-Restaurant.

Feste werden hier gefeiert, wie sie fallen. Die meisten von ihnen sind seit Jahrhunderten in der Tradition unseres Lebensraums verankert. Schützen- und Heimatfeste ziehen in etlichen Stadtteilen Tausende Zuschauer an, der Karneval gibt einer Heiterkeit und Unbeschwertheit Ausdruck, die von Herzen kommt. Doch auch Gourmet-Treffs, Kunstausstellungen, Kabarett-Tage oder das winterliche Eislaufvergnügen in der „Meerbuscher Winterwelt" finden ein begeistertes Publikum.

Neugierig geworden? Dieses Buch lädt Sie ein, die Vielfalt der Stadt und ihrer Menschen kennenzulernen – ganz entspannt und „im Plauderton". Viel Vergnügen beim Lesen!

Angelika Mielke-Westerlage
Erste Beigeordnete und Kulturdezernentin
der Stadt Meerbusch

Die Gründung unserer Stadt

Dass wir uns heute als Meerbuscher verstehen können, ist gar keine Selbstverständlichkeit. Erinnern wir uns, wie es dazu kam.

Meerbusch, die junge Stadt am linken Niederrhein, liegt landschaftlich reizvoll zwischen Wiesen, Wäldern und Feldern auf historischem Boden, auf dem schon Germanen und Römer siedelten. Sie besteht aus den acht Gemeinden Büderich, Osterath, Lank-Latum, Ossum-Bösinghoven, Strümp, Ilverich, Langst-Kierst und Nierst, die bis Ende der 60er-Jahre eigenständig planten und wirtschafteten. In den 60er-Jahren begann die Zeit der Veränderung. Die Zahl der zuziehenden Bürger wuchs. Sie waren keine Bauern mehr, sondern arbeiteten in der Regel in den umliegenden Städten. Es mussten neue Infrastrukturen geschaffen werden, es bedurfte neuer Straßen, neuer Einkaufsmöglichkeiten und Schulen und die Verwaltung musste ausgebaut werden.

Dass dies für eine einzelne Gemeinde nicht zu bewältigen war, erkannten 1967 auch die Bürgermeister. Sie sahen ihre Überlebenschance mit den größtmöglichen Spielräumen für eine eigenständige Entwicklung im Zusammenschluss ihrer Gemeinden. So war der politische Boden bereitet, als die Landesplanungsgemeinschaft Rheinland Pläne zur Gebietsentwicklung publizierte. Für die genannten acht Gemeinden sah man die Entwicklung zu einer mittelgroßen Stadt als gegeben – eine Maßnahme, die allerdings von den Nachbarstädten Düsseldorf und Krefeld nicht gern gesehen wurde! Hätten sie doch gewünscht, dass die Gemeinden aufgeteilt und ihren Städten jeweils zugeschlagen worden wären. Aber erst einmal war eine neue Stadt geboren, die einen Namen brauchte. Pate standen eine Flurbezeichnung, die sich aus dem Überschwemmungsgebiet des Rheins ergeben hatte (mare/meer) und das an der alten Römerstraße gelegene

Der Pavillon, genannt Teehäuschen, ist das Wahrzeichen der jungen Stadt Meerbusch.

historische Kloster Meer, sowie die 1908 durch Baron von der Leyen gegründete Gartenstadt Meererbusch. Man entschied sich für den Namen MEERBUSCH.

Nun könnte die Geschichte zur Gründung der Stadt Meerbusch zu Ende sein. War sie aber nicht. Meerbusch war sozusagen eine Stadt auf Probe. Denn für den Fall, dass sich die junge Stadt nicht bewähre, hatte sich der Innenminister schon in seinem Gesetzesvorschlag eine Änderung vorbehalten, und der Landtag zögerte nicht, 1974 die Stadt Meerbusch infrage zu stellen. Hieran waren sicherlich die Stadtväter der Städte Düsseldorf und Krefeld nicht ganz unschuldig, hatten sie doch in den vergangenen vier Jahren keine Ruhe gegeben und ihre Gebietsforderungen weiterhin aufrechterhalten: Meerbusch sollte aufgelöst und die südlicheren Stadtteile Düsseldorf, die nördlicher gelegenen Krefeld zugeordnet werden.

Doch nicht nur Meerbuschs Stadtväter wehrten sich dagegen, auch die Bürger wollten ihre junge Stadt erhalten. Sie gründeten das Bürgerkomitee „JA ZU MEERBUSCH", eine Initiative für den Erhalt der Stadt. Trotz aktiver Öffentlichkeitsarbeit wurde vom Landtag die Auflösung Meerbuschs beschlossen. Allerdings konnte sie abgewendet werden, da dem Landtag ein Verfahrensfehler unterlaufen war. Dies nutzten die Meerbuscher sofort, um gegen das Gesetz eine einstweilige Verfügung beim Verfassungsgericht Münster zu erwirken. Die Richter gaben den Meerbuschern recht und die Bedrohung war einstweilen abgewendet. Aber eben nur einstweilen, denn der Gesetzesentwurf zur Auflösung Meerbuschs wurde neu formuliert und sollte wiederum im Landtag eingebracht werden. Doch die Meerbuscher gaben nicht auf! Es kam zu einer öffentlichen Anhörung, bei welcher der Innenminister in die Schlagzeilen geriet, als er dem Fernsehteam die Aufnahmen der Rede zum Erhalt der Stadt des engagierten Meerbuscher Bürgermeisters Dr. Ernst Handschuhmacher verbieten wollte. Hier zeichnete sich eine Wende ab. Auch im Landtag gab es jetzt geteilte Meinungen, und der Abgeordnete Dr. Hans-Ulrich Klose sammelte für Meerbusch Stimmen.

Am 20. März 1976 gab es eine knappe pro-Meerbusch-Abstimmung durch Hammelsprung, ein Abstimmungsverfahren, das im Bundestag im Zweifel angewendet wird. Das Ergebnis: 92 zu 94 Stimmen.

Knapp, aber die Mühen hatten sich gelohnt. Meerbusch war gerettet. In den letzten Jahrzehnten hat die Stadt immer mehr ihre Identität gefunden. Bürgermeister Dieter Spindler formulierte es in seiner Rede zum 40-jährigen Bestehen der Stadt so: „Ein gemeinsames Ziel ist allen über 40 Jahre hinweg geblieben: ein gutes, lebenswertes Miteinander in einer zukunftsfähigen, eigenständigen Stadt Meerbusch".

Das „Herz" der Stadt

Das Teehäuschen, ein neugotischer Pavillon, an der Ecke des ehemaligen Schlossparks, direkt an der L137, ist das Wahrzeichen Meerbuschs. Ein Relikt aus der Zeit des Schlosses Haus Meer, einem ehemaligen Kloster, das ab 1804 von der Krefelder Seidenweberfamilie von der Leyen als Familienschloss genutzt wurde.

Schloss Meer, Identifikationspunkt der Stadt, wurde 1943 durch Brandbomben zerstört. Nur selten findet man schriftliche Augenzeugenberichte aus jener Zeit, daher ist die Schilderung der Brandnacht, die von Rentmeister Feddersen verfasst wurde, etwas Besonderes. Hinzu kommt, dass der Schlossherr Joachim Freiherr von der Leyen „nach eigenen Erkundigungen auf einem Urlaub Ende August bis Anfang September 43" das Protokoll seines Angestellten ergänzte. Wir haben es also genaugenommen mit zwei Schilderungen zu tun, die heute im Verwaltungs- und Familienarchiv der Familie von der Leyen auf Gut Bloemersheim bei Wesel aufbewahrt werden.

Schloss Meer vor der Zerstörung.

„Ich hatte den Eindruck, daß die Brandbomben zu gleicher Zeit auf den ganzen Gebäudekomplex gefallen waren. (...) Das Feuer ist zuerst in der Scheune und bei Witthaus bemerkt worden. Inzwischen waren viele Helfer gekommen. Die Gefangenen vom Lager Wolff und eine Abteilung Flaksoldaten haben ganz vorzüglich gearbeitet."

Joachim Freiherr von der Leyen ergänzte: „Feddersen hat zur Rettung unserer Sachen ohne Zögern zweifellos sein Bestes getan. (...) Inzwischen waren ja Flaksoldaten vom Apelter Feld, und polnische Gefangene vom Arbeitslager auf dem Altisselhof (auf Veranlassung von Pächter Anton Wolff) zu Hilfe gekommen. Alles was man herausschleppte, wurde auf den Rasenplatz mitten vor das Haus gelegt. Die allerverschiedensten Sachen wurden einzeln herausgetragen, wie es sich gerade ergab, dabei auch z. B. die vielen, schönen, alten Gläser.

Ein Blick in den historischen Park von Haus Meer.

Die Helfer müssen sehr ordentlich und eifrig gearbeitet haben. (...) Fremde Zuschauer und Schlachtfeldhyänen haben sich glücklicherweise in der Brandnacht nicht eingefunden. Es scheint überhaupt nichts entwendet worden zu sein. (...) Feddersens Angabe, dass der Dachstuhl über dem ganzen Schloss schnell und gleichzeitig infolge vieler Treffer in Brand geraten sei, bestätigte sich auch nach anderen Ermittlungen. Der anstoßende Teil vom Nebenflügel – unsere alten Kinderstuben und was darunter war – muss durch gleichzeitige Treffer angesteckt worden sein (...) Die Feuerwehr hat sich am Brandmorgen am Hauptbau des Schlosses nicht betätigt, sondern nur am Nebenflügel und Wirtschaftshof. Das war meines Erachtens auch richtig, da dem Schloss doch nicht mehr zu helfen war."

Fazit, das Schloss war in Gänze nicht mehr zu retten. Die Ruine wurde 1958 gesprengt, das Wirtschaftsgebäude mit Toreinfahrt restauriert und vermietet. Wenige Jahre später verkaufte die Familie das Gelände an den Gesamtverband Evangelische Kirche. Für das „Herz der Stadt" begann eine leidvolle Zeit, die Investoren wechselten.

Der Schlosspark, der 1865 von Joseph Clemens Weyhe gestaltet worden war, verkam. Brombeerhecken und Wildwuchs machten sich breit. 2000/2001 wendete sich das Blatt, nachdem die Aktionsgemeinschaft „Rettet Haus Meer" und der Förderverein Haus Meer e. V. gegründet worden waren. Der Vorsitzende des Fördervereins Dr. Herbert Jacobs beantragte Fördermittel, um Rodungsarbeiten und Ergänzungspflanzungen durchführen zu lassen. Der historische Park wurde zu neuem Leben erweckt und für Liebhaber und Besucher an bestimmten Tagen zugänglich gemacht. Jeden September, am „Tag des offenen Denkmals", gibt es dort eine bunte Veranstaltungsreihe mit Konzert, Tanzvorführungen, etc.

Immer wieder Hochwasser!

Südlich von Büderich am Rheinufer liegt Mönchenwerth. „Werth" bedeutet Insel – auf dieser hier lebten Mönche. Der Rheinarm ist längst verlandet, aber in manchem Frühjahr bekommt das alte Steinhaus dort nasse Füße. Für diesen Fall liegt ein blau gestrichener Kahn in der Wiese, mit dem die Bewohner zum trockenen Deich rudern können.

Diverse Hochwassermarken belegen Dammbrüche und katastrophale Überschwemmungen, die bis weit ins Land hineinreichten. Und aus dem Jahr 1920 wird erzählt, dass der Deichgräf einem Schleusenwärter Order gegeben habe, das Tor nicht gleich zu schließen, damit erst die Felder bewässert würden. Als er später den Befehl zum Schließen gab, konnten wegen des starken Wasserdrucks die Schotten nicht mehr dichtgemacht werden. In der Neujahrsnacht 1925/1926 zeigte sich an mehreren Stellen gleichzeitig, dass der Deich undicht war. Hierzu steht im Amtlichen Anzeiger, dass am 1. Januar 1926 bei Mönchenwerth das Wasser gegen zwei Uhr nachts bei der Schleuse durch die Tormauern drang. Die Feuerwehrleute, die auf einem Silvesterball feierten, eilten sofort zur Unglücksstelle. Dem Bericht nach war das Wasser „landwärts schon so stark eingedrungen, dass die Wehrleute bis zu den Knien im Wasser stehen mussten". Weiter heißt es, dass Gärtner Hubert Bogie vom Apelter Weg in seinem Auto Sandsäcke zur Bruchstelle gebracht habe. Senior Manfred Bogie zeigt mir an der Grenze seines Grundstücks am Apelter Weg den schmalen Stinesbach und die Schleuse, die damals nicht mehr geschlossen werden konnte. Er gibt mir aus dem Familienalbum ein Foto, das seinen Onkel Hubert zeigt und den alten Ford, mit dem er die Sandsäcke zur undichten Stelle fuhr. Auf einer Länge von einem Kilometer mussten damals am Deich zehn Stellen abgedichtet werden! In jener Neujahrsnacht standen

Retter in der Not: Hubert Bogie mit seinem Ford, 1925.

in Mönchenwerth das Landhaus und die Scheune – Über-
bleibsel des alten Klosters – bis zur ersten Etage unter
Wasser. Theodor Hellmich erzählt in seiner Chronik über
Büderich, dass sich aus dem Stall in der entfernten Scheune eine Kuh losgerissen hatte und vom Wasser hinausge-
trieben wurde, wobei es ihr gelang, das Wohnhaus eigenständig zu erreichen, wo sie von den Söhnen des Pächters
in die erste Etage bugsiert wurde.

Das war 1926. Inzwischen wurden am Deich kontinuier-
lich Sanierungsarbeiten durchgeführt. Heute, mehr als
80 Jahre später, beginnt der Deichverband „Neue Deich-
schau Herdt" damit, den Deich zwischen Mönchenwerth
und dem Büdericher Modellflugplatz nach den geltenden
Deichsicherheitsrichtlinien neu aufzubauen. Es ist genau
jenes Deichsegment, das 1926 nicht standhielt.

Weiter nördlich im Stadtgebiet hat der Deichverband
Meerbusch-Lank die Instandsetzung des Deiches von
Langst-Kierst bis zur Stadtgrenze Krefeld am Rheinha-
fen inzwischen abgeschlossen.

Kindheit in den 40ern und 50ern – Von der Schule bis zum Aalschokker

Da ich selbst nicht in Meerbusch aufgewachsen bin, frage ich mich, wie es war, hier in den 40er- und 50er-Jahren seine Kindheit und Jugend zu erleben. Das Ehepaar Korn, Ursula und Manfred, die beide in Büderich geboren und groß geworden sind und heute in der Nähe des Deichs wohnen, waren so nett, mich an ihren Erinnerungen teilhaben zu lassen.

„Mit wem haben Sie damals gespielt, Herr Korn, und wie kamen Sie zur Schule?", frage ich.

„Die Einschulung war 1946", sagt Manfred Korn. „Mein Freund und ich sind zur Schule gelaufen. Am heutigen Hotel Landsknecht kamen noch andere Kinder dazu. Während des ersten Schuljahres gingen wir in das Gebäude des jetzigen Standesamts an der Dückersstraße. Später diente das ehemalige HJ-Heim auf dem heutigen Dr.-Franz-Schütz-Platz als Schule. Dort gab es ab der Mitte des Gebäudes zum Platz hin eine gepflasterte Wasserrinne. Diese trennte das Schulgebäude sozusagen in zwei Hälften. In der linken Seite wurden die evangelischen Kinder unterrichtet und in der rechten die katholischen. Es wurde uns eingetrichtert, in den Pausen nie über diese gemauerte Grenze zu gehen! In den späteren Jahren fiel die konfessionelle Trennung weg, dafür hatten dann die Mädchen in der rechten Hälfte ihre Klassen und die Jungen links. In den Pausen herrschten noch diese rigiden Regeln." Ein Bürger erzählte, dass er daher auch keine Büdericher Frau gefunden habe.

Ursula Korn berichtet weiter, dass sie im Büdericher Marienheim geboren wurde. Das war ein Krankenhaus an der Necklenbroicher Straße – an seiner Stelle steht jetzt ein modernes Ärztehaus. Ihre Mutter erzählte, dass nach ihrer Geburt eine Tante zu Besuch kam und Sauerkraut und Kassler überreichte. Sicherlich damals wie heute ein ungewöhnliches Mitbringsel für eine Wöchnerin.

„Als Teenager, wohin sind Sie da gegangen? Diskotheken gab es noch nicht – gab es ein beliebtes Lokal, in dem man sich traf? Wie lernten Sie sich kennen?", gebe ich die nächsten Stichworte. Herr Korn schaut zu seiner Frau und lächelt: „Das kannst du erzählen."

Frau Korn lehnt sich entspannt und fröhlich zurück: „Es gab das Lokal ‚Peters' im Brühl, eine Hochburg für die Schützen, und es gab den Ball der katholischen Jugend und den Kirchenchorball. Oder man traf sich bei ‚Hartz' an der Kanzlei zum Tanztee und zum ‚Altweiber' der katholischen Jugend. 1959 gingen zwei Freundinnen mit mir zum ‚Altweiber'. Ich trug schwarze Strumpfhosen und ein rotes Oberteil. Eine Freundin hatte mir die Sachen geliehen. Als Mädchen unter 17 Jahren durften wir aber nur bis 22 Uhr zum Tanzen bleiben, doch nach Hause wollten wir noch nicht. Also versteckten wir uns nach 22 Uhr in der Garderobe, aber der Kaplan hatte nach dem Rechten geschaut und uns entdeckt."

Er fackelte nicht lange und suchte einen jungen, vertrauenswürdigen Mann, der die drei Grazien nach Hause bringen würde. Manfred Korn, gerade 19 Jahre alt, übernahm den Auftrag gerne. Das Ganze hatte also etwas Gutes, denn wer weiß, ob die beiden sich kennen- und lieben gelernt hätten, wenn Ursula und ihre Freundinnen nicht das kleine Manöver veranstaltet und der Kaplan sie nicht aus ihrem Versteck verscheucht hätte.

Herr Korn steht auf: „Lange genug gesessen! Kommen Sie, lassen Sie uns ein wenig in Büderich herumfahren! Es hat sich so vieles verändert. In den 50er-Jahren existierte die Büdericher Allee mit ihren japanischen Kirschbäumen noch gar nicht. Alles war freies Feld, Acker bis zum Winterdeich." Um ehrlich zu sein, das kann ich mir gar nicht vorstellen. Herr Korn schnappt sich den Autoschlüssel und los geht's. Am Ortsanfang von Büderich gab es schon in den 50er-Jahren einige bemerkenswerte Häuser und Villen, erklärt er mir: „In der Grabenstraße wohnte Hans Paul Gestermann, der aus Passion malte und dessen Frau die Musikschule gegründet hat. Die Tochter, Ingrid Kuntze, die später selbst die Musikschule geleitet hat, könnte bestimmt auch noch viel von damals erzählen!"

„Auch der Maler Hans Bullinger lebte da – ich werde Ihnen sein Haus zeigen", sagt Herr Korn und wir fahren zum Ortsrand von Büderich. „Hier ist es", er zeigt auf eine Villa an der Niederlöricker Straße. Das Haus war mir schon lange wegen seiner ganz besonderen Bauweise aufgefallen. Die Giebelfront ist geschwungen, die Fassade mit Schieferplatten verkleidet – und im Frühling blühen die Magnolien davor.

Dem Aalschokker, einem Boot für den Aalfang, hat der Meerbuscher Hans Paul Gestermann (1903–1989) ein Denkmal gesetzt.

Die Villa an der Niederlöricker Straße, Baujahr 1927, in der Maler Hans Bullinger Mitte der 30er-Jahre bis Ende der 60er-Jahre lebte.

Ich hänge so meinen Gedanken nach und da fällt mir etwas ein – hatte mir nicht die Goldschmiedin Sonja Mataré, mit der ich schon einige Gespräche über die alten Zeiten geführt habe, vom Aalschokker erzählt? Damals war Aalfang auf dem Rhein noch üblich und Sonja Mataré erinnerte sich an das Boot und an die zwei Meter hohen Räucherkästen, in denen die Aale an Stangen hingen: „Für zehn Pfennig bekam man eine spitze Tüte voll kleiner geräucherter Aale – das schmeckte!"

Manfred Korn weiß auch vom Aalschokker zu erzählen: „Bei Mönchenwerth gab es noch das Boot, das der Besitzer zu einer Bar mit Klavier und gepflegten Möbeln eingerichtet hatte. Meine älteren Geschwister erzählten, dass es auf dem Aalschokker sehr lustig zuging, das war in den Jahren Mitte 1940. Mit einem Beiboot wurde rübergesetzt und gefeiert." Der Aalschokker war für viele Büdericher eine echte Attraktion.

Baden-Baden

Baden im Rhein – das war für viele Jungs bis in die 50er-Jahre ein beliebtes Sommervergnügen. Manfred Korn erzählt: „Ich bin am Rhein aufgewachsen, der Fluss hat mich geprägt. In den 50er-Jahren hatten die Schlepper mehrere Kähne und fuhren langsam stromaufwärts. Wir sind an die Kähne rangeschwommen, haben uns hochgezogen und wurden von der nächsten Welle in den Kahn geschoben. Am gegenüberliegenden Ufer an der Schnellenburg oder am Rheinstadion sind wir an Land geschwommen und haben uns in die Sonne gelegt. Einmal kamen aus Richtung Mönchenwerth Schreie: ‚Hilfe, Hilfe‘. Wir konnten den Mann gerade noch aus dem Rhein ziehen – er war total betrunken! Leider ist in dieser Zeit auch ein Mitschüler von mir ertrunken. Damals sind viele im Rhein umgekommen.“

Totenkopf nannte man die seitliche Spitze der Kribbe am Strandbad, denn vom Strudel, der sich hier bildete, wurden Unerfahrene hinabgezogen. Auch ein Geselle der Gärtnerei Bogie, der die Tücken nicht kannte, ist, während sein Freund in der Kirche war, am Totenkopf ertrunken.

Baden im Rhein war also nicht ganz ungefährlich, dennoch liebten es die Jungen aus den Rheingemeinden, im Fluss zu schwimmen. Während der ersten Nachkriegsjahre war der Rhein noch sauber, und vom Vergnügen, auf vorbeischwimmende Kähne zu klettern, erzählt auch Karl Schmalbach, Gründer und Autor des Lotumer Buretheaters. Er erinnert sich noch gut daran. Einmal hatte er allerdings Pech, denn der Schiffer hatte gerade die Planken frisch geteert und grinste, als der Jüngling mit dem Bauch im Teer landete. „Meine Mutter sagte: ‚Kom mech blos net no Hus, on bös versohpe!‘“, erzählt er. „Heute stellt man das Schwimmen im Rhein als lebensgefährlich dar, aber es war immer falsches Verhalten der Schwimmer, wenn ihnen etwas zugestoßen ist.“

Nach wie vor beliebt – Das Rheinufer bei Büderich.

Leicht gesagt, hat doch Karl Schmalbach seinen DLRG Leistungsschein 1945 am Rhein gemacht. Dazu gehörte es, in der Strömung zu tauchen: „Hier tauchte man unter und", Herr Schmalbach zeigt ein paar Meter weiter flussabwärts, „dort kam man wieder hoch. Wir übten Kleiderschwimmen und bis an die sechs Kilometer Strömungsschwimmen."

Alle Jungen lernten auf die Strömung zu achten. Sie waren wie Fische und wussten um die Felsen unter Wasser, die nur bei langer Trockenheit herausragten und für Schiffe gefährlich waren. Bei Niedrigwasser galten sie als Symbol für schlechte Ernte und wurden „Hungerfelsen" genannt. Trotzdem gab es immer mal wieder einen Jungen, der von der Spitze einer Kribbe aus einen Kopfsprung machte, ohne die Quarzitfelsen, die im Fluss lagen, zu berücksichtigen. So manches Unglück ist dadurch passiert.

Doch im Laufe der 50er-Jahre war es vorbei mit dem Schwimmen im Rhein. Der Fluss verschmutzte zusehends. Außerdem, und das mag ausschlaggebend gewesen sein, wurden die Jungen älter und ihr Interesse verlagerte sich – sie wollten dorthin, wo die Mädchen waren.

Nahe Mönchenwerth gab es bis Ende der 30er-Jahre zwischen zwei Kribben ein Freibad. Verankerte Balken grenzten die kleine Bucht zum Strom hin ab und beim Umkleiden schützte eine Bretterwand vor zudringlichen Blicken.

Beliebt war es auch, im Dammloch zu baden, einem 1920 durch Überflutung des Rheins entstandenen Weiher an einer Schleuse. Dort hatte man sogar ein Sprungbrett

Das ehemalige Badeparadies „Dammloch" ist heute von Entengrütze bedeckt.

installiert! Heute stehen am Dammloch nur noch Mauerreste. Den kleinen Weiher gibt es zwar noch, doch ist er von Entengrütze ganz grün, das lädt nicht mehr zum Baden ein. Dafür ist er bei den Anglern gefragt.

In Lank-Latum lagen für viele die Badegestade bei „Schmitz Kull" oder „Frangen Küllsche", beides bis heute existierende Baggerseen. Frangen Kull liegt eingezäunt, idyllisch an der Mühlenstraße inmitten einer großen Wiese. „Da ging es hoch her. Man planschte mit den Schläuchen der Autoreifen. Meistens bildeten sich zwei Gruppen, die gegenseitig ihre Kräfte um die Gunst der Mädchen maßen", erzählt Franz Jürgens aus Lank-Latum.

Doch Vorsicht war geboten, der Besitzer Frangen mochte es gar nicht, wenn sich die Jugendlichen dort herumtrieben! „Man durfte sich nicht erwischen lassen! Man sagt, der Alte war jähzornig."

Dann gab es noch Schmitz Kull, ein Baggersee, in dem im letzten Jahrhundert Sand und Kies abgebaut wurden. Das Schmitzsche Kalksandsteinwerk war Arbeitgeber für viele Männer aus Lank-Latum. Nach seiner Schließung wurde aus Schmitz Kull die Attraktion Latumer See. Rund herum gibt es bewaldete Spazierwege und am südlichen Ufer haben die Angler ihr Vereinshaus.

So gesehen ist Meerbusch mit einer richtigen Seenplatte gesegnet, denn auch bei Büderich und zwischen Strümp und Bösinghoven sind durch den Bau der A 44 Baggerseen entstanden.

Die Badeanstalt

Der Osterather Bürgermeister Bartels war ein sozial engagierter Mann und wollte nach dem Ersten Weltkrieg – dem aktuellen Zeitgeist folgend – dem schlechten Gesundheitszustand der Jugend entgegenwirken. Schwimmen würde den jungen Menschen guttun, davon war er überzeugt, und außerdem der Hygiene dienen, galten doch viele der Kinder als verlaust. Eine Badeanstalt musste her!

Im Archiv der Stadt ist ein Brief des Bürgermeisters erhalten, den er im Dezember 1921 an den Landrat in Krefeld schrieb: „Die hiesige Gemeinde plant die Errichtung einer Badeanstalt. Die gesundheitlichen Verhältnisse zwingen dazu, nach dem übereinstimmenden Urteil der Ärzte." Wie immer ging es um die Finanzen, und Bartels beantragte Gelder für den Bau eines Badehauses. 1922 konnte zwar mit den Arbeiten begonnen werden, doch als die Kosten wegen der Inflation stiegen, musste ein Baustopp eingelegt werden.

Es heißt, dass statt des geplanten Badehauses ein Wohnhaus gebaut wurde, doch der Bürgermeister mochte sich nicht von seiner Badidee verabschieden. Für sein Freibad sah er ein Grundstück hinter der Seilerei Stoessel vor. Für die Ausschachtungsarbeiten stellte Bartels einen Antrag, in dem es heißt: „Da zur Zeit hier im Ort Erwerbslose nicht vorhanden sind, wäre die Ausführung des Planes eine Gelegenheit, Erwerbslose anderer Gemeinden für eine entsprechende Zeit zu beschäftigen." Damit schlug er zwei Fliegen mit einer Klappe, denn er konnte Arbeitslosen unter die Arme greifen und Sand und Kies für das Gemeindesäckel verkaufen.

Diesmal wurde der Plan umgesetzt. Das neue Bad hatte eine Tiefe von etwa drei Metern und war – heute kaum noch vorstellbar – nicht isoliert, man schwamm im Grundwasser. Zur Einweihung 1925 zeigten Krefelder Schwimmvereine ihre Künste. Auch die Damenriege tanzte in flotten

Trikots, was, wie man sagt, zu Protesten aus den Reihen der Zentrums-Fraktion geführt haben soll.

Mit der Zeit fühlten sich im Becken auch Frösche und Algen wohl. Damit man nicht schmutziger aus dem Wasser stieg als hinein, wurden Brausen installiert und das Bad wurde zum beliebten Aufenthaltsort. Ähnlich der heutigen „Stadtranderholung" fanden dort damals während der Schulferien „Erholungsaufenthalte" statt, erzählt die Meerbusch-Autorin Dr. Marie-Sophie Aust. „Zu Mittag gab es Griesbrei, den ich nicht mochte – danach Nachmittagsschlaf, den ich auch nicht mochte." Dennoch wollte sie gerne der Geselligkeit wegen dabei sein.

Bereits 1934 musste das Osterather Bad geschlossen werden, denn im Laufe der Zeit war das Grundwasser versickert.

Es sollte noch einige Jahre dauern, bis der Gemeinderat in Büderich beschloss, ein Hallenbad zu bauen. Fast einstimmig! Ein Abstimmungsberechtigter habe sich zu Wort gemeldet mit dem Kommentar: „Ech bön dojäje, weil ech net well, dat angere Källs op die Memme van min Vrau kieke."

1966 wurde das Hallenbad eröffnet. Anlässlich des 40-jährigen Jubiläums der Partnerschaft mit der französischen Stadt Fouesnant, organisierte der DLRG ein 24-Stunden-Schwimmen, mit dem annähernd die Entfernungskilometer (1064 km) nach Fouesnant erreicht werden sollten. Vereine und Privatleute konnten sich beteiligen und ihre Kondition unter Beweis stellen, was im 28° C warmen Wasser nicht ganz ohne war. Editha Hackspiel, die regelmäßig im Hallenbad schwimmen ging, machte per Zufall mit. Sie war mit ihren 82 Jahren die älteste Teilnehmerin und schaffte tapfer 300 Meter.

Zu einem eigenen Freibad hat es Meerbusch nicht wieder gebracht. In den Sommermonaten gehen viele der Meerbuscher „fremd" und besuchen direkt am Rhein an der Grenze zu Düsseldorf das Löricker Freibad, das als schönstes weit und breit gilt. Die idyllischen Baggerseen mit ihren Wiesen bis zum Wasser sind meistens in privater Hand.

■ Am Osterather Kirchplatz

Der Osterather Kirchplatz ist ein belebter Platz, der mit dem danebenliegenden Bommershöfer Weg das Zentrum Osteraths ausmacht. Hier findet man alle Geschäfte, die für Leib und Seele gebraucht werden, und auch der Geist kommt nicht zu kurz.

Schon immer war der Kirchplatz mit dem Gumperts- und Plöneshof das Dorfzentrum von Osterath. Dr. Marie-Sophie Aust, geboren 1923, ist in einem der ältesten Höfe Osteraths, dem Plöneshof schräg gegenüber der Kirche St. Nikolaus, aufgewachsen. Auf dem Backsteingiebel steht die Jahreszahl 1791. Das Anwesen wurde inzwischen längst verkleinert, Straßen über das Grundstück geführt und das bäuerliche Haus mit den Stallungen zum gepflegten Doppelhaus mit einem idyllischen Garten verwandelt. Marie-Sophie erzählt: „Als Kind sind meine häufigsten Spielorte der Durchgang zum Ackershof, heute Eigentumswohnungen, und der Kirchplatz gewesen. Da kenne ich ein paar Geschichten", erklärt sie mir und lächelt: „Im Haus der jetzigen Marien-Apotheke befand sich in den 20er-Jahren die Kneipe Buscher. Deren Außentür hatte ein Klappfenster, worauf Schnaps serviert werden konnte. Während der sonntäglichen Messe war der Kirchplatz wie leer gefegt. Nur das Brausen der Orgel und der Gesang der Kirchgänger waren zu hören. Während der Predigt strömten die Männer aus der Kirche zur Kneipenecke, klopften ans Klappfenster und standen in langer Schlange, um Schnaps zu kaufen, bekamen ein Gläschen, stürzten den Schnaps runter und gingen zurück zur Predigt.

Am Kirchplatz liegt auch die Gaststätte Weindorf. Dort wurden in den 30er-Jahren Tanzstunden gegeben, an denen viele teilnehmen wollten, vielleicht auch, weil man eigens einen Tanzlehrer aus Krefeld kommen ließ. Die Bewerber für einen Kurs mussten sich aufstellen wie zur Musterung und nur die Heiratsfähigen wurden aufgenommen. Da es

Gartenansicht des Plöneshofes.

jedoch zu viele waren, wurde die Gruppe geteilt. Der Saal in
der oberen Etage hatte eine Bühne, zu der man links und
rechts über Treppchen hochgehen konnte.

Während die eine Hälfte versuchte, sich an den gelern-
ten Tanzschritten zu vergnügen, störten die Nichttänzer
durch Unruhe und Ungeduld. Der Tanzlehrer rettete
die Situation und rief: ‚Promenez vous – circulez!‘ und
die Nichttänzer mussten auf der einen Seite zur Bühne
hochwandern und auf der anderen Seite wieder herunter.
Hierbei knarrte der Boden so, dass der Tanzlehrer wusste, dass die Wartenden auch brav in Bewegung blieben.“

Ein weiterer Zeitzeuge ist der Apotheker Paul Fink,
der 1926 im Haus der Marien-Apotheke am Kirchplatz
geboren wurde. Er erzählt, dass der Kirchplatz damals
einfacher Lehmboden gewesen sei, über den zwei mit
Rheinkieseln gepflasterte Wege zu den Kirchenportalen
führten. „Und es gab alle paar Schritte eine Wirtschaft“,
erklärt mir Herr Fink amüsiert. „Ich will sie mal auf-
zählen! Beginnen wir mit der Wirtschaft Radmacher. Auf
derselben Straßenseite befand sich ‚Krischer‘, drei Häuser weiter das Weinhaus Corall. Daneben folgte das Hotel Weindorf von Anton Platen und dann der ‚Ackershof‘

mit Wirtschaft und Saal. Neben dem Bürgermeisteramt war die Wirtschaft Kohls. Zurück auf der anderen Seite lag die Wirtschaft Zum Stern – den Stern sieht man heute noch im Oberfenster der Tür. Neben der Kirche war ‚Buscher‘, in dem der Osterather Männergesangsverein gegründet wurde, heute befindet sich in dem Haus die Marien-Apotheke. Fünf Häuser weiter folgte die Wirtschaft Wolf, genannt Wolf Knopp, mit der Schmiede. Zwei Häuser weiter kam ‚Splissenbach‘ und im Nebenhaus die Wirtschaft Cames. Also stolze 10 Wirtschaften! Vielleicht damals schon die längste Theke der Welt. Übrigens hieß die Straße in jener Zeit Crefelder Straße, danach Hauptstraße und schließlich Adolf Hitler Straße, wobei es auf der ganzen Straße keinen Parteigenossen gab. Heute heißt sie Hochstraße. Damals gab es einen runden Tisch bei Platen. Täglich um 12 Uhr fand der Frühschoppen statt und um 18 Uhr der Dämmerschoppen. Die Teilnehmer waren der Bürgermeister, der Pastor, der Apotheker, die Landwirte, die Geschäftsleute, der Rechtsanwalt und der Schornsteinfegermeister."

Herr Fink erinnert sich, dass ihn die Mutter manchmal schickte, den Vater zum Essen zu rufen. Er bekam dann ein Glas „Blümchen", eine leckere Zitronenlimonade. Da es eine Spende des Hauses war, fand er den Weg oft und gern dorthin.

Wenn Bauernball in der Gaststätte Weindorf war, bildete sich die Hierarchie innerhalb der Bauern in der Tischordnung ab. Die Bauern saßen nur an Tischen mit ihresgleichen, das heißt, an einem der Tische saßen die Traktor-Bauern, das waren die reichsten; an einem anderen die Bauern, die mehr als fünf Pferde hatten; an einem weiteren Tisch die Bauern mit ein bis drei Pferden und am letzten Tisch saßen die Bauern, die nur Ochsen hatten. Lang, lang ist's her.

Inzwischen ist die Gaststätte Weindorf eingerüstet und sieht einer ungewissen Zukunft entgegen.

Wasserturm-Theater

Heute ist der 25m hohe Wasserturm, der 1912 erbaut wurde und als Wasserreservoir für eine Zellulose-Fabrik diente, ohne Funktion. Doch seine schlanke Stahlkonstruktion ist für den Stadtteil Lank-Latum ein weithin sichtbares Wahrzeichen geworden. 1903 wurde das jetzige Forum, das später seinen Namen durch den danebenliegenden Wasserturm erhielt, als Tanzsaal gebaut. Es fanden Konzerte und Theateraufführungen statt und für einige Zeit wurde darin ein Kino betrieben. 1971, nach dem Abriss der vor dem Saal stehenden Traditionsgaststätte „Zur ewigen Lampe", zogen ein Supermarkt und eine Pizzeria ein. Dann lag das Gebäude samt Gelände lange brach; der Saal dämmerte schließlich mehr und mehr dahin.

1988/1989 entwarf der damalige Theaterregisseur Oliver Keymis ein umfangreiches Konzept für ein „Theater am Wasserturm" und fragte beim Landesbauminister Dr. Christoph Zöpel wegen möglicher Zuschüsse für den rund 2,8 Mio. DM teuren Umbau nach. Der Minister sagte in einem Schreiben einen Landeszuschuss von 80 Prozent zu. Im Rat der Stadt wurde über das Für und Wider einer Kulturstätte in Lank-Latum diskutiert. Man hatte errechnet, dass die Folgekosten jährlich rund 500 000,- DM betragen würden. Zu teuer! Dafür ließe sich keine Ratsmehrheit finden, und so entschloss sich Oliver Keymis im September 1990 zum Rückzug aus dem Projekt.

Die Ratsvertreter in Meerbusch sannen über neue Möglichkeit nach und entwickelten die Idee, das Kulturzentrum „Forum Wasserturm" zu errichten. 1994 legten die Initiatoren im nun umgebauten Forum Wasserturm los. Ihre Shows zeigten Feuerspucker, Akrobaten und Schlangenbeschwörer. Dem unerschrockenen Uli Wetter legte man sogar eine Python um den Hals, die allerdings vorher ein Huhn verspeisen durfte, damit sie den Delinquenten nicht würgte. Vor allem Kabarett wird heute im

Lanker Forum großgeschrieben und durch die Initiative „Rock im Turm" wird Meerbusch zwischenzeitlich sogar zu einem Mekka für Rockfans.

Damalige Gegner des „Theaters am Wasserturm" sind heute engagierte Befürworter und vielfach Mitglied im Förderverein Wasserturm e.V., den Ulrich Wetter gemeinsam mit Bernd Müllejans und weiteren Meerbuschern gegründet hat und der bis heute für einen großen Teil des vielfältigen Angebots im Forum Wasserturm verantwortlich ist.

Die ist echt! Manager des „Theaters am Wasserturm" Uli Wetter mit einer Python.

Der Weg zur „Hölle"

Dr. Lothar Beselers, einer der ehemaligen Bürgermeister Meerbuschs, stellt mit Bedauern fest, dass die acht Stadtteile Meerbuschs nun mehr 40 Jahre nach Stadtgründung noch nicht recht zusammengewachsen sind! Er erlebt immer wieder, dass alteingesessene Bürger sich weniger als „Meerbuscher", denn als Lank-Latumer, Osterather oder Büdericher verstehen. Die kilometermäßige Distanz zwischen den Stadtteilen ist leider manchmal auch eine mentale. Eigentlich kein Wunder, wie Dr. Beseler findet, denn man kennt ja den Spruch, den die Büdericher sagten und noch sagen: „Der Weg von Büderich nach Osterath ist der Weg zur Hölle!" Ein ganz schön harter Spruch, oder? Was mag dahinterstecken? Nun, es gibt verschiedene Versionen.

Der in Büderich geborene Adolf Gorgs erfuhr von seiner Mutter, welche Bedeutung dieser Spruch hat. Sie erzählte ihm von dem kleinen, ansprechenden Haus Bovert an der Autobahn in Osterath, das in den 1920er-Jahren über einen Garten mit Tanzpavillon verfügte. Tanzen machte ja schon immer Freude, also besuchten die jungen Leute aus Osterath an den Wochenenden den Boverter Tanzboden. Dort trafen sie sich mit jungen Menschen aus dem Nachbarort Büderich, um sich zu vergnügen.

Spät in der Nacht dann führte der Heimweg der Büdericher durch den nächtlichen Meerer Busch, aber niemand fürchtete sich, denn man war ja nicht allein, sondern ging in Gruppen oder zu zweit. Frischverliebte nutzten den Heimweg gerne, um sich ungestört etwas besser kennenzulernen. Doch dieses harmlose Vergnügen wurde längst nicht von jedem gebilligt. Ein Missionar, der von den nächtlichen Umtrieben erfahren hatte, verurteilte das Verhalten der Jugend, das ihm moralisch verwerflich erschien. In seiner Predigt nun soll der Satz gefallen sein: „Der Weg nach Osterath ist der Weg zur Hölle."

Eine andere Version liefert Dr. Jacobs, der Vorstand des Fördervereins Park Haus Meer. Er berichtet, dass es beim Osterather Schützenfest häufig zu Schlägereien kam. Deshalb habe Pastor Kirschbaum von der Kanzel herunter die Jugend gewarnt und angehalten, bloß nicht nach Osterath zu gehen! „Der Weg dorthin ist der Weg zur Hölle"!

So oder so, festzustehen scheint, dass dieser Ausspruch historische Wurzeln hat. Vielleicht aber wird ihn die nächste Generation schon vergessen haben und begreift sich schlicht als „Meerbuscher".

In den 20er-Jahren des letzten Jahrhunderts war Haus Bovert ein beliebter Treffpunkt für junge Menschen aus Osterath und Büderich.

Städtefreundschaft

Es waren aufregende Zeiten, in denen Dr. Lothar Beseler das Amt des Bürgermeisters in Meerbusch innehatte. 1990, kurz nach der Wende, schloss Meerbusch eine Städtefreundschaft mit Blankenburg im Harz, einer Stadt in der ehemaligen DDR, in der zu dieser Zeit noch einiges im Argen lag. Klar, dass die Meerbuscher Stadtverwaltung vorschlug, die Kollegen bei der Umstrukturierung zu unterstützen, und materielle Hilfe anbot. Doch noch, wir erinnern uns daran, gab es Berührungsängste zwischen Ost und West. Lothar Beseler erlebte anfänglich Schwierigkeiten in der Zusammenarbeit, denn der Blankenburger Bürgermeister Herr Kaiser zeigte sich zunächst wenig kooperativ. Erst als der Meerbuscher Bürgermeister konkret wurde, taute das Eis.

Das erste Präsent aus Meerbusch war der gebrauchte, aber gute Mercedes des Stadtdirektors für den Blankenburger Bürgermeister, der sich freute, einen Ersatz für den lahmen Lada zu bekommen. Es folgten Kopierer für Büros und ein Löschfahrzeug für die Feuerwehr. Hauptamtsleiter Josef Schmitz fuhr nach Blankenburg, um beim Aufbau der Verwaltung zu helfen. Umgekehrt kamen von dort städtische Angestellte als Assistenten nach Meerbusch.

Die Hilfe für die Brüder und Schwestern aus dem Osten war nicht immer ganz uneigennützig. So hatte die Meerbuscher Verwaltung Gusseisen-Poller mit dem Meerbuscher Stadtwappen herstellen lassen, die vor dem Büdericher Rathaus aufgestellt werden sollten. Den Bürgern gefiel das ganz und gar nicht und die Verwaltung wollte und konnte das Projekt nicht um jeden Preis realisieren. Wohin aber nun mit den Pollern? Gab es nicht irgendeine sinnvolle Verwendung dafür? Da hatte jemand die Idee, die ungeliebten Poller als „Werbegeschenk" der Stadt Blankenburg zu geben, der fast nichts anderes übrig blieb, als sie anzunehmen. Und tatsächlich wurden die Poller mit dem Meerbusch-Wappen rund um das Rathaus in Blankenburg aufgestellt.

Das Mataré-Haus

Veränderungen an der Dückersstraße

Alte Büdericher Bürger sagen noch Careaux-Hof, wenn sie den Fronhof meinen, der zum Kölner Stift St. Gereon gehörte und als Ursprung Büderichs gilt. Während der Säkularisation fiel das Gut an den französischen Staat. Als Bürgermeister wurde ein Monsieur Careaux eingesetzt, der damals im Fronhof residierte.

Auf den ehemaligen Ländereien des Fronhofs liegt auch das Mataré-Haus, versteckt hinter dichtbewachsenem Zaun in der Dückersstraße. Noch 1940 gehörte es zum danebenliegenden Neuenhof von 1768, heute Ulmenhof. Zu Zeiten des Neuenhofs war im Kellergewölbe des Mataré-Hauses eine Destillerie und vor dem Hof lag ein großer Garten mit Promenade. Der Garten wurde Bauland, die Promenade zur heutigen Dückersstraße und aus der Schnapsbrennerei ist das Mataré-Haus geworden!

Die Goldschmiedin Sonja Mataré, die heutige Bewohnerin, hat mich zum Tee eingeladen. Auffallend im Wohnraum ist das helle Blau der Wendeltreppe, der Türen und einer Holzwand; davor grüßt ein Spinett.

Als Ewald Mataré 1932 an die Düsseldorfer Kunstakademie berufen wurde, zog die Familie von Berlin nach Büderich. Eine kurze Zeit wohnte Ewald Mataré mit Frau Hanna und Tochter Sonja im Haus am Deich. 1933 fanden sie eine Wohnung bei Rektor Hellmich in der Büdericher Poststraße.

Sonja erinnerte sich daran, dass sie eigens zum Spielen, wie sie es gewohnt war, ihr Berliner Spielhöschen anzog. „Doch Mädchen in Hosen fanden die Jungen komisch. Sie hielten sich vor Lachen die Bäuche und kreischten etwas über meine Buxe, was ich nicht verstehen konnte. Mit der Zeit lernte ich selbst Börker Platt zu sprechen."

Eine gute Erinnerung hat sie an ihren Fotoapparat:

„Meine Box war hochrechteckig. Es ließ sich ein Drahtge-
stell herausziehen, ein kleiner Rahmen, um den Bildaus-
schnitt festzulegen. Damals hatte ein Film acht Bilder;
das Fotografieren war eine Kostbarkeit."

1952 ließ Ewald Mataré die ehemalige Schnapsbrennerei
zum Wohnhaus umbauen. In Büderich wurde er zu vielen
seiner Aquarelle angeregt, auch zum Aquarell des Fronhofs, der von Einheimischen die Keimzelle Büderichs genannt wird. Schon 1180 urkundlich erwähnt, fiel er 1978
einem Neubauprojekt zum Opfer.

„Es ist schwer, ein Bild von damals wiederzugeben, weil
es eine total andere Zeit gewesen ist", sagt Sonja Mataré.
„Vater war nur bis 1933 an der Akademie, denn die Nazis
bezeichneten seine Kunst als ‚entartet'. Er hat dann zwar
für sich gearbeitet, hatte jedoch keine festen Bezüge."

Mit ihrer Mutter unternahm sie häufig Spaziergänge
zum Schloss Meer: „Es gab einen kleinen Weg hinter dem
Friedhof zwischen Hecken, vorbei an der Gaststätte Peters. Das Schloss der Familie von der Leyen war zum Teil
an unsere Freunde Familie Witthaus vermietet", erzählt
Sonja Mataré. „Am Parktor, das es längst nicht mehr
gibt, erwartete uns die fünfjährige Monika Witthaus und
reichte den großen Schlüssel durch das Gitter, damit meine Mutter aufschließen konnte."

Nach Kriegsende konnte Ewald Mataré seine Lehrtätig-
keit an der Kunstakademie wieder aufnehmen. Viele von
Matarés Studenten wurden später bekannte Künstler: Joseph Beuys, Hermann Focke, Karl Franke, Günter Haese,
Erwin Heerich, Georg Meistermann, Kurt Link, Wolf Spe-
mann. Viele waren mit Meerbusch verbunden, hatten, wie
z. B. Günter Haese, in Büderich gelebt (und durch Mataré
1954 am Südportal des Kölner Doms mitgearbeitet). Andere Künstler haben „Duftmarken" im öffentlichen Raum
gesetzt. Im Stadtgebiet können anhand eines Führers von
Dr. Margot Klütsch auf einem Kunstweg Skulpturen dieser und anderer Künstler besucht werden.

Die Besichtigung beginnt in Büderich mit dem Mataré-Brunnen, geht zum Mahnmal im alten Kirchturm, wo 1958 Joseph Beuys die Namen der Soldaten, die im Zweiten Weltkrieg gefallen sind, in das von ihm entworfene Tor geschnitten und im Turminneren ein Symbol des auferstehenden Christus geschaffen hat. Es geht weiter zum Friedhof, zum Grabstein, den Karl Franke ursprünglich für Ewald Mataré gedacht hatte, der jedoch als Gedenkskulptur (neben einer Stele von Ewald Mataré für den Maler Herbert Böttger) auf dem Weg zur Kapelle steht.

Für den gegenüber des Friedhofs liegenden „Park am Schwimmbad" schuf Erwin Heerich eine Bank aus schwarzem Granit. In jenem Park steht auch die Windsbraut von Kurt Link. Der Weg führt zur evangelischen Bethlehemkirche: Hermann Focke hat die inneren Türen gestaltet. Wolf Spemanns „Hockende" kauert auf dem Grünstreifen in der Poststraße. Von Erwin Heerich, der in Osterath gelebt hat, steht im Rathauspark des Stadtteils Osterath ein Granitstuhl.

Sonja Mataré erinnert sich gern an das Päuschen, das ihr Vater machte, um mit seiner Pfeife zu ihr in die Werkstatt zu kommen und zu sehen, an welcher Goldschmiedearbeit sie gerade beschäftigt war. „Das solltest du so machen – ja, das sollte so sein – und das so", musste sie sich dann anhören. Hätte sie den Rat befolgt, wäre am Ende nicht viel von ihrer eigenen Idee geblieben. Dennoch, diese Gespräche mit dem Vater möchte sie nicht missen.

Der jüdische Friedhof in Lank-Latum

Von Strümp aus mit dem Rad durch den Herrenbusch, und dann, vor den vielen Hainbuchen, biege ich rechts aus dem Wald. Der Weg führt durch Felder Richtung Lank-Latum zum Latumer See. Am Waldrand zweigt ein schmaler Weg ab. Er bringt mich zur Rückseite des jüdischen Friedhofs. Von einer Hecke umfriedet, liegt er in einer Senke. Um 1878 hatten die jüdischen Mitbürger den Antrag auf einen eigenen Friedhof gestellt und erhielten ein Gelände in der ehemaligen Sandgrube, der „Sandbergkull". „Das ist schon diskriminierend", sagt Karl Schmalbach.

Es stehen nur wenige Grabsteine auf der Wiese, manche mit Hebräischer Schrift. Der Name Wyngaard ist gut zu lesen, ein Vorfahre des wohlhabenden Viehhändlers, dem das spätere Bauland nördlich der Kaiserswerther Straße gehörte. Die Bauern schätzten den Viehhändler und Karl Schmalbach erinnert sich gut an dessen Begräbnis. „Es muss um 1936 gewesen sein. Für uns Jungen ein exotisches Ereignis, da fast alle anderen Lanker Bürger katholisch gewesen sind. Es war wie ein Lauffeuer: Hüt wöd ne Jud bejrave!" Karl Schmalbach erinnert sich voller Bewunderung daran, dass alle Bauern, trotz der Nazi-Hetze gegen Juden, im schwarzen Anzug und Zylinder zum Begräbnis kamen.

Aus den alten Arbeitsberichten der Schreinerei Radmacher geht hervor, dass etwa ab 1880 jährlich für das Laubhüttenfest für die jüdische Familie Wyngaard die Laubhütte für 3 Mark aufgestellt wurde. „Das war eine vorgefertigte Konstruktion, die man dann mit ‚Maien', meistens Birkengrün, schmückte. Wyngaard, eingedeutscht Weingarten, war Ehrenmitglied der Schützen. Als er in den 30er-Jahren beerdigt wurde, bekamen jüdische Mitbürger keinen Grabstein mehr", sagt Franz Josef Radmacher. Nach dem Zweiten Weltkrieg wurde ein Mahnstein aufgestellt: „Zum Gedenken für die in der nationalsozialistischen Zeit umgekommenen jüdischen Mitbürger unserer Gemeinde."

■ Von der Schule zur Galerie

Schon lange vor der Stadtwerdung Meerbuschs hatte jede Gemeinde eine eigene Volksschule. Der kleine Ort Ilverich jedoch erst seit 1829, bis dahin mussten die Kinder zu Fuß nach Lank zum Unterricht gehen. Im Herbst, wenn es viel geregnet oder im Winter, wenn es stark geschneit hatte, ersparte man den Kindern den weiten Weg. Das kam manchem gelegen, war jedoch der Schulbildung nicht förderlich. Die Ilvericher machten Schluss mit der Abhängigkeit und kauften 1827 einen „preußischen Morgen Land, worauf die Schule gebaut und Garten und Spielplatz angelegt wurden." (aus der Schulchronik von 1873).

Der Unterricht in der Zwergschule Ilverich wurde anlässlich der Schulreform 1968 eingestellt. Inzwischen gab es Busse der Rheinbahn und die Schüler konnten zu einer Grundschule ihrer Wahl fahren. Zu weiterführenden Schulen fuhren die Kinder mit der K-Bahn nach Düsseldorf oder Krefeld.

1970 kaufte das Ehepaar Angela Krümpelmann und Wolfgang Paul die alte Zwergschule in Ilverich mit Grundstück, um darin eine Galerie zu eröffnen. Ein mutiges Vorhaben. Sie hatten sich gleich in den Garten verliebt, in dem eine Magnolie stehen sollte. Das Gebäude mit seinen Klassenzimmern ließ sich leicht in eine Galerie umgestalten. Die offene Pausenhalle wurde durch eine Glaswand verschlossen und in einen weiteren idealen Galerie-Raum verwandelt. Angela Paul-Krümpelmann erzählte, sie seien ins kalte Wasser gesprungen, denn erfahrene Galeristen waren sie nicht, sondern sie machten aus ihrer Vorliebe eine Profession.

Freunde warnten eindringlich vor einer Verwirklichung des wagemutigen Projekts. Ilverich sei zu weit ab für ein Galerie-Publikum. Angela und Wolfgang Paul ließen sich nicht beirren und zeigten in regelmäßigen Abständen Arbeiten von Künstlern ihrer Wahl. Und was für eine Wahl! Bekannte Künstler wie Paul Flora, Günter Grass oder Tomi Ungerer stellten bei ihnen aus, ebenso Joseph Beuys, mit dem die Galeristen befreundet waren. Das kleine Dorf Ilverich wurde bekannt und die Menschen machten gerne einen Ausflug in die ländliche Region, um diese attraktiven Ausstellungen zu sehen.

Doch damit nicht genug! Nomen est omen – Angelas Mädchenname wurde zum Aufhänger für den „Krümpelmarkt", einen Trödelmarkt, der zum ersten Mal 1974 auf dem Schulhof und der angrenzenden Wiese stattfand. Die Veranstaltung war ein erfolgreiches Spektakel, doch mit Schwierigkeiten verbunden. Die zahlreichen Besucher parkten ihre Autos auf den umliegenden Feldern und mancher PKW musste per Traktor aus dem nass-schweren Acker gezogen werden.

Im selben Jahr gründeten die Galeristen eine Malschule. In der Rheinischen Post war zu lesen: „Die Galerie Ilverich schickt sich an, mit einer neuen Aktion einen Bogen hin zur ehemaligen Bestimmung des alten Schulhauses zu schlagen: Am 2. Mai wird in den Galerie-Räumen eine Malschule für Kinder eröffnet." Redakteurin Lis Schenk schrieb, da in den Schulen bei einer Klassenfrequenz von 40 Schülern die Beschäftigung mit dem Einzelnen zu kurz käme, könnten die Ilvericher Malkurse eine wichtige Ergänzung der schulischen Möglichkeiten bieten. Die Ilvericher Galerie wurde aus Altersgründen 1997 geschlossen.

■ Stadt im Grünen

1908 entstanden die Anfänge der Gartenstadt Meererbusch, einem bekannten Villenviertel am Waldrand von
Büderich, dessen Prestige uneingeweihte Fremde auf die
ganze Stadt übertragen. „Aus Meerbusch?", fragen sie, na-
hezu überwältigt in der Annahme, einen der 61 Einkom-
mensmillionäre, die hier leben, vor sich zu haben. Doch
auch im Nobel-Viertel kann „der Frömmste nicht in Frie-
den leben, wenn es dem bösen Nachbarn nicht gefällt."
Ein Schweizerischer Generalkonsul erlebte das hautnah
und Dr. Lothar Beseler, ehemaliger Meerbuscher Bürgermeister, weiß davon zu erzählen: Der Generalkonsul
wohnte 1989 auf dem Grundstück der Schweizerischen
Eidgenossenschaft in der Gartenstadt Meererbusch. Das
Haus lag hinter einer ca. zwei Meter hohen Mauer, auf der
aus Sicherheitsgründen zusätzlich ein Stahlzaun mit Ei-
senspitzen aufgebracht worden war. Dieser Anblick störte
das Schönheitsempfinden einiger Anwohner. Es kam zu
Gesprächen, in denen der Konsul auf die Sicherheitslage
hinwies. Doch wie sich zeigte, blieben die Nachbarn über-
zeugungsresistent und verstopften in einer Nacht- und
Nebelaktion das Schlüsselloch der Eingangstür mit Kau-
gummi. 2010 wurde das Anwesen von der Schweizerischen
Eidgenossenschaft verkauft.

1965 nach Meererbusch
Über den Bagel'schen Firmen-Taschenkalender ist mein
Kontakt zu Familie Bagel entstanden. Einen von diesen
Kalendern, in weißes Leder gebunden und mit Gold-
schnitt, hatte ich lange aufbewahrt. Das Vorsatzpapier
gefiel mir so gut. Gestaltet hatte ihn der Grafik-Professor
Walter Breker, der in Meerbusch in meiner Nachbar-
schaft sein Haus hatte.
Schon sein Vater, Gerd Bagel habe mit Walter Breker die-
se jährlichen Kalender gemacht, erzählt Peter Bagel. Es

sei immer eine Freude gewesen, wenn Breker mit Entwürfen für das Vorsatzpapier kam. Da habe ein spannendes Prozedere begonnen, denn jedes Jahr musste das dazu passende Leder neu ausgesucht werden: feinstes Leder, jährlich in anderer Farbe.

„Besonders bei den Damen waren diese handlichen Büchlein beliebt. Verschenkt wurden sie an engste Freunde des Hauses. Das war die Zeit, wo es kaum Computer gab und die Leute die Daten in den Kalender eintrugen", sagte Herr Bagel.

Auf die Frage, warum die Bagels nach Meererbusch gezogen sind, erklärt Peter Bagel: „Interessiert hat uns die Gegend wegen der Nähe zur Natur und des Generationswechsels, der sich etwa alle 50 Jahre in der Siedlung vollzog." Herr Bagel erzählte, dass Baron von der Leyen Anfang des letzten Jahrhunderts die Idee hatte, für Direktoren Krefelder Textilbetriebe Grundstücke zur Verfügung zu stellen, die 1500 qm groß sein sollten, um ein Haus darauf bauen zu können. „Jedes Haus war eine Enklave in einem Park! Wenn später die Besitzer dieser Häuser älter wurden, zog es sie meistens zurück in die Stadt oder in eine altersgerechte Umgebung. Dann fand in den Häusern ein Wechsel statt und eine jüngere Generation zog ein."

1965 sei die Gartenstadt noch weniger besiedelt gewesen. In der Birkenstraße wurde ein kleines Giebelhaus zur Miete angeboten. „Wir dachten, hier könnten wir erst mal einziehen", sagt Herr Bagel. „Als die Familie wuchs und das Haus zu klein wurde, konnten wir vom Generalbevollmächtigten des Großindustriellen Dr. Friedrich Karl Flick das Haus in der Ahornstraße erwerben." Herr Bagel erzählt aus der Zeit, als seine Kinder klein waren und es kaum Kindergärten gab. Sie seien damals acht Familien gewesen, die aus privater Initiative einen Kindergarten gründeten. Eine Dame stellte auf ihrem Grundstück ein Holzhaus zur Verfügung, das man kin-

Villa in der Ahornstraße in Meererbusch.

dergerecht einrichtete. Eine Kindergärtnerin wurde engagiert und die Eltern halfen bei der Betreuung. Für die Kinder seien Freundschaften entstanden, die bis in die Gymnasialzeit reichten.

Heute ist in Meererbusch mit den vielen Neubauten ein optischer Wandel sichtbar: ein gemischter Baustil. Die Architektur richtet sich sehr nach dem Zeitgeist. Aber es gibt noch einige gute Beispiele aus den 20er- und 60er-Jahren.

Bei Klaus Hellmich

Als ich, Eri Krippner, mit meiner Familie Ende der 1960er-Jahre nach Büderich zog und wusste, dass wir bleiben wollten, begann ich mich für die Geschichte des Ortes und der Region zu interessieren. Ich besuchte regelmäßig einen Heimatkreis, in dem ich das Buch von Theodor Hellmich, die „Geschichte Büderichs bei Düsseldorf" kennenlernte. Nachdem ich nun selbst über Meerbusch schreibe, kam ich auf die Idee, mit Klaus Hellmich, einem der Enkelsöhne des Autors, ein Gespräch zu führen. Ähnlich wie sein Großvater schreibt der Hobbyhistoriker über Heimatkundliches und so sollte in einem Buch über Meerbusch der Name Hellmich nicht fehlen. Ich meldete mich für ein Plauderstündchen bei der Familie an.

Vor uns liegt das Standardwerk über die Geschichte Büderichs.

„Das Buch wurde von Theodor Hellmich, meinem Großvater geschrieben, der 1912 bei Beginn seiner Tätigkeit als Rektor der Volksschule vergeblich nach brauchbarem Stoff und Unterlagen für den Heimatkunde-Unterricht gesucht hat", erzählt Klaus Hellmich. 1939 wurde das Buch fertig gestellt und ist für viele bis heute die erste Quelle für Büdericher Heimatkunde.

Nachdem Theodor Hellmich aus Altersgründen die Wohnung im alten Rektorhaus aufgeben musste, baute er 1928 ein Haus an der Poststraße 53, in dem auch die Familie Mataré bis zum Einzug in das eigene Haus lebte. Klaus Hellmich berichtet: „Ich bin jedoch an der Neusser Straße aufgewachsen. Da standen früher drei Doppelhäuser, die der Gebrüder Böhler & Co AG gehörten. Mein Vater Franz, Leiter der Verwaltungsabteilung bei Böhler, zog 1937 mit uns in das Haus Neusser Straße ein."

Während der Kriegsjahre besuchte Klaus Hellmich die heutige St.-Mauritius-Schule im Ortskern von Büderich. Für den Schulweg nahm er die Straßenbahn Linie 30, die

Das Haus an der Neusser Straße 81, in dem Klaus Hellmich aufwuchs.

vom Handweiser nach Meererbusch fuhr. Wegen der Gefahr eines Fliegeralarms fuhr er nach der Schule gleich nach Hause. Er erklärt mir: „Bei Voralarm kam meine Mutter per Rad und holte mich auf dem Gepäckträger nach Haus. Wenn es brenzlich aussah, ging die Klasse in den Bunker unter dem Mataré-Atelier in die Gewölbe der ehemaligen Schnapsbrennerei Clasen."

Rivalitäten zwischen Lank und Latum

Johannes Toups, der seit einigen Jahren in Lank-Latum die Mundartabende gestaltet, ist in Latum geboren. Er kennt viele Geschichten aus Erzählungen der Zeit, als der jetzige Stadtteil noch aus den Ortsteilen Lank und Latum bestand und die Gemeindegrenze mitten durchs Wohnzimmer eines Hauses verlaufen konnte!

„Unter der Jugend der aneinandergrenzenden Orte herrschte eine gewisse Rivalität, die sich besonders im Winter beim Eislaufen bemerkbar machte", beginnt Johannes Toups.

Zunächst aber bitte ich den Erzähler, mir die Ortsverhältnisse ein wenig zu schildern: „Der Langenbruchbach in Lank verläuft in einer Niederung, die im Herbst im Bereich der Webergasse und Pappelallee regelmäßig überschwemmt war. Dieser große See hatte im Winter eine riesige Eisfläche, ein Schlittschuh-Paradies für Lanker Mädchen und Jungen und manchen jungen Mann. Dagegen hatten die Latumer eine weit weniger große Eisfläche, aber eine viel schönere", erzählt Johannes Toups. Und dass vor Haus Latum, einem ehemaligen Rittergut mit Wassergraben, zur Straße hin „der Somp", ein Gewässer, lag. Der nahe Buersbach mündete in einen Weiher, der wiederum mit dem Somp verbunden war. Im Winter ergaben sowohl diese zwei kleinen Seen als auch die zugefrorenen Wassergräben eine verzweigte Eislauffläche für die Latumer Jugend.

„Die Lanker hatten zwar den größeren See, aber die Latumer – nun, deren See war der begehrtere, der schönere! Warum? Durch die vielen Verwinklungen ergaben sich wunderbare Möglichkeiten zur Zweisamkeit! Wenn man ein Lanker Mädchen zur Freundin hatte, durfte das Mädchen auf dem Latumer See Schlittschuh laufen!"

Das „schwache Geschlecht" habe vieles in Sachen Ortsrivalität ausgleichen könnten, berichtet Johannes Toups weiter. Er hatte eine Freundin, deren Vater Kaninchenzüchter war. Daher war die junge Dame in den Genuss eines Muffs ge-

kommen, einer gefütterten Fellrolle, in die man die Hände
steckte, um sie zu wärmen. Elegant Schlittschuh laufen, die
Hände im Muff! Für unseren Freund war es das höchste der
Gefühle, wenn er seine Hand mit in den Muff stecken durfte.
Aber auf dem Eis gab es noch ein anderes bewegendes
Erlebnis: das Kreiseln! Der Somp war relativ rund. Die
Jungen setzten mittig einen Holzpfahl ein und ließen ihn
über Nacht festfrieren. Daran wurde eine Schnur mit
einem Schlitten befestigt und man brauchte nur einen
kleinen Schubs, schon bekam der Schlitten Fahrt und der
darauf saß, sauste im wilden Karussell. Herrlich und gefährlich! Es kam, wie es kommen musste, die Schnur riss
und unser Freund wurde im hohen Bogen ins Buschwerk
geschleudert, in die zwar unsichtbaren, aber fürsorg-
lichen Hände eines Schutzengels. Das war in den 50er-
Jahren nach dem Zweiten Weltkrieg.

Während des Gesprächs sitzt Frau Billa Toups neben
ihrem Mann und hört wohlwollend die alten Geschichten. Aber auch sie kann etwas von früher beisteuern und
weiß von einem Kontakt in das ferne Missouri zu erzählen. Der Heimatkreis Lank hatte nämlich Verbindung zu
Menschen aufgenommen, deren Vorfahren um 1850 von
Lank nach Amerika ausgewandert sind. Man besuchte
sich gegenseitig und bekochte sich. Rezepte aus der alten
rheinischen Heimat waren besonders begehrt.

„In den letzten Jahren schickten wir viele Kochrezepte hi-
nüber. Eines wird drüben bevorzugt: Bohnen in Specksauce. Sie können ja mitschreiben – ich werde es in Länkter
Platt sagen – die drüben können das verstehen, sie sagen,
es sei ihre ‚Muttersprache'", meint Billa Toups und lacht.

Hier zunächst die Version in Hochdeutsch:
Bohnen in Specksoße
*Eine dicke Scheibe Speck in Würfel schneiden und in ei-
ner Kasserolle auslassen, dann einen Liter Milch dazuge-
ben. Wenn es kocht, mit Mehl andicken und mit Salz ab-*

schmecken. Ein Pfund abgekochte Brechbohnen mit einem Schuss Essig, Pfeffer und mit einer klein geschnittenen Zwiebel vorbereiten. Dann unter die Specksauce heben. Dazu isst man gekochte Kartoffeln und gekochte Eier.

Rezept für Bohne en Späckzaus in der Muttersprache (Länkter Platt):
Späck en de Kastroll utloote, on jät Melk dobej schödde, wänn et kockt möt Mähl ahndicke. Dat Janze möt jät Salt avschmäcke. Avjekoggde Brääkbohne möt e bettsche Ettzich, Pfäffer, on möt klejnjeschneene Höjt-Louk fädisch maake. Die tereiht jemäggde Brääkbohne onger die Späkzaus hääve. Dobej ett man jekoggde Ääpel on e paar jekoggde Eier.

Die Bewohner der ehemaligen Gemeinden Lank, Osterath oder Büderich sprechen in diesen Stadtteilen ihr individuelles Platt. Die feinen Unterschiede sind allerdings nur für den Einheimischen hörbar
In Büderich wird die alte Mundart, das Börker-Platt, gepflegt. Vierteljährlich lädt Hans Spennes zu einem Mundart-Abend ein. Er hat Geschichten und Lieder in Börker-Platt vorbereitet. Dazu verteilt er Zettel mit den übersetzten Wörtern. Das ist sinnvoll, da sie für manchen Zugezogenen wie eine Fremdsprache sind.
Hans Spennes gibt hier eine Kostprobe:

Jranksack Knotterbüll	miesgelaunter Mensch
Jesömms	Saatgut
Peetsche	Pfirsich
Hannskeesche	Johannisbeeren
Immseeke	Ameise
Plooch	Pflug

M'r sette zesaame em Café am Dr. Franz Schütz Platz on spröche platt. (Kenne Börker hai so jesait, sonder Schötz Franz Platz). Spennes Hans öwersätzt mesch alles enn Börker Platt.

■ Vorsicht Zecken! Der Forstenbergwald

Heute bin ich mit dem Kreisförster verabredet und auf dem Weg zum Naturdenkmal Forstenbergwald, der höchsten Erhebung rund um Meerbusch. Von Lank-Latum nach Nierst führt die Landstraße im Frühling durch grüne und gelbe Äcker. Es ist Frühjahr, fast schon Frühsommer. Eine Honigwolke streift die Nase, der Raps blüht. Auf erdbraunen Feldern sind gebückte Gestalten zu sehen, die aus schnurgeraden Erdhügelzeilen die Kostbarkeit der Region stechen – man sagt, schon Kaiser Tiberius habe sich von einer Eilstafette dieses „seltsame" Gemüse, den Spargel, bringen lassen. Auf den Bauernhöfen kann man Spargel während der Saison sogar sonntagsvormittags kaufen.

Links zwischen den Feldern liegt der Forstenbergwald auf einer Binnendüne. Der Kreisförster öffnet mit einem Schlüssel das Tor zum Gehege, ein großer Teil des Waldes ist eingezäunt, um das Naturdenkmal zu schützen. Gut, dass ich mich für Gummistiefel als Schuhwerk entschieden habe, die für das völlig verwilderte Gelände genau richtig sind. Brombeersträucher und ganze Matratzen aus verwelktem Adlerfarn erschweren das Gehen. Doch über den Adlerfarn möchte ich mich nicht beschweren, ist er doch ein Grund dafür, dass der Forstenberg geschützt wird. Adlerfarn ist sehr selten. Die häufigste Art der Farne ist der Trichterfarn, der seine Blätter aus einem Zentrum trichterförmig ans Licht schickt. Anders der Adlerfarn, bei dem aus geraden hohen Stielen die Farnblätter gegenständig wie Flügel wachsen. Mein Begleiter weist mich auf die alten Eichen hin, Trauben-Eichen, deren Blätter an nur kurzen Stielen sitzen.

Worauf ich mich aber am meisten freue, sind die Maiglöckchen, die im Forstenbergwald zahlreich vertreten sind. Wir sehen sie schon aus ihren spitzen Blättern leuchten. „Hier hat es früher viele, viele Maiglöckchen

Im Forstenbergwald findet man den seltenen Adlerfarn. Der Wald wird geschützt und ist nicht frei zugänglich.

gegeben", erzählt der Förster, „ein richtiger Maiglöck-chenwald. Leider sind aber bei Nacht und Nebel die Leu-te gekommen und haben palettenweise die Pflanzen aus-gestochen. Was meinen Sie, was hier ohne den Zaun los wäre! Mir tut das Herz weh, wenn ich daran denke!"
Wir schieben tief hängende Äste zur Seite und kommen zu einer Lichtung, neben einem verwucherten, umgestürzten Stamm ist ein umwachsener Eingang zu sehen. „Ein Dachs-bau", freut sich mein Begleiter und betont: „Ohne den schützenden Zaun wäre alles zertrampelt, die Nachtschat-tengewächse, der Farn- und der Dachsbau wären zerstört. Jedoch die Wildnis hier wehrt sich", sagt der Förster, „es gibt viele Zecken! Ich habe von ihren Bissen Borreliose – das ist die andere Seite meines schönen Berufes."
Wir stapfen durchs Dickicht zurück zum Eingang. Mit einem großen Schlüssel wie für das Schloss eines Schloss-tores, schließt der Förster sein Heiligtum ab.

◼ Ein Mann der ersten Stunde!

Deutschland 1945 – nach dem Kriegsende beginnt eine Zeit zwischen Not und Aufbruchswillen. Ein demokratisches System muss aufgebaut werden. Auch in Büderich. Einer der Männer der ersten Stunde war Dr. Franz Schütz (1900–1970), Gründungsmitglied der Büdericher CDU. Alfons Wirtz erinnert sich daran, dass er 1946 als Zuhörer teilnahm, als sich der Ortsverein im kleinen Kreis konstituierte. Franz Schütz fand den alerten jungen Mann, Alfons Wirtz war 20 Jahre alt und gelernter Kaufmann, wohl sympathisch und gute Leute wurden händeringend gesucht, also wurde er beauftragt, das Gründungsprotokoll zu fertigen.

Schütz selbst wurde 1947 Landtagsabgeordneter, ein Mandat, das er bis zu seinem Tode ausübte, und 1964 Bürgermeister von Büderich. Doch damit nicht genug, Schütz setzte seine politischen und sozialen Vorstellungen auch beruflich um. Er konnte nach dem Zweiten Weltkrieg verhindern, dass das Stahlwerk Böhler, das auf der Demontageliste der Alliierten stand, abgebaut wurde. Stattdessen wurde mit dem Aufbau des teilweise zerstörten Werkes begonnen und die Produktion bei Böhler wieder aufgenommen. Ein Segen für die Menschen vor Ort, die dringend Arbeit suchten. Franz Schütz wurde als Werksleiter der Böhler-Edelstahl-Werke in Büderich eingesetzt, wobei ihm das Wohlergehen seiner Mitarbeiterinnen und Mitarbeiter in diesen schweren Nachkriegsjahren besonders am Herzen lag.

Bekanntermaßen standen nach 1945 mehr Frauen als Männer als Arbeitskräfte zur Verfügung und viele Frauen mussten als Alleinverdiener für ihre Familien sorgen. Doch wohin mit den Kindern? Öffentliche Kindergärten gab es praktisch nicht. Franz Schütz zögerte nicht lange, die Versorgung der Kinder musste gewährleistet sein. Er entschloss sich, eine noch auf dem

Werksgelände stehende Baracke, in der ausländische Zwangsarbeiter während des Krieges hatten wohnen müssen, einem neuen Zweck zuzuführen. Ein Kindergarten entstand, und seine Tochter Margarete Schütz kümmerte sich von morgens sieben Uhr bis abends 19 Uhr um die Kleinen, ein Angebot, das für die Eltern kostenlos war! Für die schulpflichtigen Kinder richtete Franz Schütz einen Hort mit Hausaufgabenbetreuung ein, er wollte nicht, dass die Schüler ihre Nachmittage als Schlüsselkinder alleine in den elternlosen Wohnungen verbrachten. Doch Schütz tat noch mehr: Jede Woche fuhr er zur Brotfabrik Wellmann in Büderich, wo er Mehl und Brot kaufte und unter den Arbeitern verteilte.

Die Böhlerstahlwerke in den 50er-Jahren.

Als mit der Währungsreform 1948 die Deutsche Mark eingeführt wurde, ging es allmählich aufwärts. Nach wie vor aber herrschte vielerorts große Wohnungsnot, so auch in Büderich. Franz Schütz behob diesen Missstand, als er ab 1952 eine Werkssiedlung mit Wohnungen und Häusern für die mehr als 3000 Mitarbeiter errichten ließ. Mit ihrem vielen Grün galt die Böhlersiedlung zu dieser Zeit „als schönste Wohnanlage des Rheinlandes". Die Böhler-Stahlwerke und -siedlung wurden sogar 1954 von Bundeskanzler Adenauer besucht.

Und was wurde aus dem eingangs erwähnten jungen Mann, aus Alfons Wirtz? Nun, Dr. Franz Schütz wurde sein Mentor und übernahm ihn zunächst als Praktikanten in die Schweißabteilung der Böhler-Werke. Dort lernte Wirtz viel über die Materie Stahl. Er musste bleistiftdünne Edelstahlschweißstäbe an einen Schleifstein drücken und am Funkenflug erkennen, um welche Legierung es sich handelte. Alfons Wirtz war zwei Jahre Privatsekretär von Dr. Franz Schütz, dann im Sozialwesen tätig, blieb bei den Böhlerwerken, wurde zum Betriebsrats- und Aufsichtsratsmitglied gewählt und war bis zu seiner Pensionierung 1984 Verwaltungschef. 1991 erhielt er den Ehrenring der Stadt Meerbusch.

Die Meerbuscher haben Dr. Franz Schütz nicht vergessen, er ist der einzige Ehrenbürger der Stadt und der Festplatz in Büderich wurde nach ihm benannt. Der Meerbuscher Stadtarchivar Michael Regenbrecht nennt Schütz liebevoll „Gründungs-Hebamme", weil er schon früh den Zusammenschluss der Gemeinden vorantrieb, um zu verhindern, dass sie einer der großen Städte einverleibt wurden. „Schütz war eine faszinierende Persönlichkeit, deren Biografie bis heute nicht abschließend dokumentiert ist", so die Einschätzung des Stadtarchivars.

Die eigenen vier Wände

Die Martinstraße in Langst-Kierst ist noch recht jung, sie entstand in den 60er-Jahren, als vielerorts ein allgemeiner Bauboom zu beobachten war. Den Menschen ging es wirtschaftlich gut, der Bau eines Eigenheimes war vielen möglich. Einer der Neubürger in der Martinstraße war Friedhelm Rating. Er erzählt mir, dass er in Duisburg aufgewachsen ist, wo er auch seine spätere Frau kennenlernte. Nachdem feststand, dass sie heiraten würden, begannen sie für ein eigenes Haus zu sparen, das jedoch nicht unbedingt in Duisburg gebaut werden sollte.

In den zeitgenössischen Zeitschriften der Bausparkassen wurde den Häuslebauern – der Trend ging, wir erinnern uns, von der Stadt aufs Land – der Rat erteilt, bei der Suche eines Bauplatzes den Zirkel zur Hand zu nehmen und auf der Landkarte vom momentanen Wohnort aus einen ca. 30 Kilometer großen Kreis zu schlagen. Die jungen Leute wandten diese Suchmethode an und stellten fest, dass der nördliche Kreis nicht ihren Vorstellungen entsprach. Sie entschieden sich für das zentral gelegene Meerbusch und fanden ein Grundstück in Langst-Kierst, einen Ort, der ihnen gänzlich fremd war. Ein Landwirt, der dort bisher Obstbäume gepflanzt hatte, verkaufte den Quadratmeter Baugrund für DM 36,00! Die Martinstraße selbst war im Aufbau und wurde von nur einigen Neubauten gesäumt. „Im Nachbardorf Ilverich grasten damals die Kühe zwischen den Trassen der angedachten Straßen", erzählt Herr Rating. Das Paar heiratete am 12. Dezember 1969, und schon nach Mitternacht zog es ins eigene Haus.

Am 2. Januar 1970 meldete sich das Paar als neue Bürger im alten Amtsgebäude in Lank an, just zu einem Zeitpunkt, zu dem die Stadtgründung Meerbuschs gerade erst stattgefunden hatte. Kein Wunder also, dass das Amt weder mit Briefbogen und Formularen noch mit einem

Stempel der jungen Stadt dienen konnte. Die Adresseänderung im Personalausweis musste manuell ausgestellt werden und anstelle eines Dienstsiegels wurde von Hand vermerkt: „Stadt Meerbusch".

Viel hat sich seit damals verändert. Als die Ratings Ende der 60er-Jahre einen der Nachbarn nach einer eventuellen Belästigung durch Fluglärm fragten, bekamen sie zur Antwort: „Keine Probleme durch Flugzeuge – alles ruhig." Heute, Jahrzehnte später, wird diese Region etwa alle fünfzehn Minuten überflogen. Die Maschinen fliegen in ungefähr 500 m Höhe mit nördlichen Zielen. „Das kann sehr störend sein", sagte Rating, was sicher eine Untertreibung ist.

Langst liegt hinter dem Rheindeich, der, gerade saniert, ein Dorado für Radfahrer ist. Am Rheinufer entlang führt der Spazierweg zum Langster Fährhaus. Von hier aus kann man nach Kaiserswerth übersetzen oder ein paar Meter weiter zum Campingplatz gelangen, wo ein legeres Sommercafé viele Radler anlockt.

Meerbuschs Kunst-Mühlen

In Meerbusch gibt es noch drei alte Windmühlen und das Gebäude einer alten Dampfmühle. Nachdem die Mühlen für ihre ursprüngliche Aufgabe nicht mehr eingesetzt wurden, siechten sie dahin, bis sie durch private Initiativen der jetzigen Eigentümer oder durch die Stadt und den Heimatkreis Lank vor dem Verfall gerettet wurden.

Die Heidberg-Mühle

1751/1752 wurde die Lanker Heidberg-Mühle erbaut. Sie liegt außerhalb des Ortskerns auf einer Binnendüne. Früher haben sich bei Hochwasser auf diesen Mühlenhügel Hasen und Kaninchen geflüchtet, sagt man, sie seien aber oft im Kochtopf gelandet. Ab 1886 erhielt die Heidberg-Mühle zusätzlich einen Dampfmaschinenantrieb, um vom Wind unabhängig zu sein.

Längst hat sie ihre ursprüngliche Funktion verloren und inzwischen überragen hohe Bäume den Turm. Doch auch ohne Flügel führt die invalide Mühle ein individuelles Leben, das ihr seit acht Jahren durch Valerie Kohlmetz eingehaucht wird, der darin lebt und arbeitet. Ich besuche den Musiker, der in den Bands „Big Bonsai" und „Rhythm Congas" mitspielt. „Beim Üben ist es laut", sagt Valerie Kohlmetz, „doch das stört niemand, denn die nächsten Häuser liegen ca.150 Meter entfernt." Wir gehen im Übungsbereich an den Congas, den Handtrommeln vorbei und steigen die steile Treppe im Turm hoch. Oben im Studio ist's wohnlich. Die Kochecke fällt mir ins Auge, es duftet appetitanregend und ja, Valerie ist nicht nur Musiker, sondern auch ein Kochkünstler. Bei einem Kaffee erzählt er mir, dass er für Agenturen und Firmen als Stylist tätig ist. Er arrangiert Stillleben und Situationen – alles, was gewünscht werde und arbeitet mit Fotografen zusammen, die seine Arrangements aufnehmen, festhalten. Beim Hinuntersteigen der Treppe reicht

Die Congas des Musikers Valerie Kohlmetz, der in der Heidberg-Mühle sein Studio hat.

er mir hilfreich die Hand. „Heute sehen Sie ihn nicht, ist noch zu früh", sagt Valerie im Garten und blickt am Mühlenturm hoch, „von dort oben schaut sonst ein Kauz dem Treiben hier unten zu."

Die Teloy-Mühle

Die Teloy-Mühle ist die jüngere Schwester der beiden Lanker Windmühlen. Um 1800 hoben die französischen Besatzer des Rheinlandes den Mahlzwang auf. Bäcker Adolph Frangen wollte den umliegenden Bauern den Weg zur Mühle verkürzen und selbst ein Geschäft machen. Er beantragte den Bau einer Mühle. 1822/1823 wurde die Turmwindmühle erbaut. Ihren jetzigen Namen erhielt sie durch den späteren Pächter Ludwig Teloy, dessen Witwe die Mühle 1876 kaufte und deren Sohn sie bis Anfang des 20. Jahrhunderts aktiv betrieb. Teloys Tochter Carola verkaufte das Mühlenglände 1952 für 32 000 Mark an die Gemeinde Lank-Latum. Doch dann fiel das Gemäuer in Agonie. Erst mit der Stadtgründung 1970 kam Bewegung in das Ganze, denn nun waren die Stadtväter verpflichtet, die marode Mühle zu sichern. Unterschiedliche Vorschläge zur Nutzung des Gebäudes wurden gemacht, und wie immer fehlte es an den nötigen finanziellen Mitteln. Dennoch konnte 1980 mit den Wiederherstellungsarbeiten begonnen und am 13. September 1981 die restaurierte Teloy-Mühle für kulturelle Zwecke eröffnet werden. Regelmäßig finden dort Ausstellungen der fünf Meerbuscher Künstler-Gruppierungen, sowie Einzelausstellungen, Vorträge und Veranstaltungen des Heimatkreises Lank statt.

Die Osterather Windmühle
1955 fuhr der Kunststudent Will Brüll täglich mit seiner Vespa von Viersen zur Düsseldorfer Kunstakademie. Sein Weg führte ihn am Wrack der Osterather Windmühle vorbei, die einsam mitten im Kartoffelacker stand. Irgendwann packte den jungen Mann die Neugier, er schaute sich den armseligen Mühlenstumpf näher an. Das Dach fehlte und so konnte der Regen ungehindert seine Verwüstung fortsetzen und den Lehmboden aufweichen. Dennoch kaufte Will Brüll 1955 die Ruine. Als Architekt stand ihm sein jüngerer Bruder mit Rat und Tat zur Seite. Um weiterem Verfall entgegenzuwirken, wurden zunächst ein Zwischendach eingezogen und Fenster eingesetzt. Die Restaurierung, die den jungen Besitzer viel Geld kostete, finanzierte er über Wettbewerbe für „Kunst am Bau", für die er oft den Zuschlag erhielt. Später kaufte er Stallungen und Nebengebäude dazu. Aus dem Kartoffelacker wurde ein gepflegter Garten, durch Hecken begrenzt. Im Freien entstand eine interessante Ausstellungsfläche für Will Brülls Stahlobjekte. Im Inne-

Stahlobjekte von Will Brüll vor seiner Osterather Windmühle.

ren gleicht die Mühle heute einer Galerie, an deren Wänden bis unters Dach Original-Grafiken unterschiedlicher Künstler hängen und dem Betrachter Freude bringen.

Die alte Dampfmühle

Zur Konkurrenz der ehemaligen Windmühle wurde 1883 in Osterath die Dampfmühle von Johann Abel. Er hatte sie in unmittelbarer Nähe der Kirche errichtet und damit den Kirchenvorstand von St. Nikolaus verärgert, da der 25 Meter hohe Schornstein das Kirchenschiff überragte. Etwa 100 Jahre später, 1988, zog in das Gebäude der Alten Dampfmühle das Buch-und Kunstkabinett Konrad Mönter ein.

Zuvor jedoch gab es Ärger mit der Denkmalbehörde, die zur Auflage gemacht hatte, das alte Rundtor als Eingangstür zu belassen und das frühere Kopfsteinpflaster zum Hof, auf dem ehedem die Pferde abgehalftert wurden, wieder zu pflastern. Auf einen Kopfsteinweg mitten durch die Buchhandlung wollte Konrad Mönter gerne verzichten! Das Ansinnen der Behörde konnte durch einen Antrag an das Denkmalamt in Bonn verhindert werden. Seit 1988 ist die ehemalige Dampfmühle Buchhandlung und Galerie zugleich. Die dort gebotenen Ausstellungen, Lesungen und Konzerte finden großen Anklang bei den Meerbuschern und überregionalem Publikum.

NAturBUrschen?

NABU las ich auf dem Schild an der Einfahrt zu einem Grundstück am Rande von Lank: das Schild des Natur-schutz Bundes der Ortsgruppe Meerbusch.

Früher lag hier das Abwasser-Pumpwerk, nachdem je-doch die Kanalführung geändert worden war, konnte die Stadt das Grundstück samt Steinhaus an den NABU verpachten. In dem ehemaligen Pumpenhaus werden Geräte und Infomaterial aufbewahrt. Auch ein großer Tisch und Stühle stehen drin, denn alle zwei Wochen findet ein Treffen statt, bei dem die ehrenamtlichen Mitarbeiterinnen und Mitarbeiter, die alle berufstätig sind, Arbeitslage und Aktivitäten besprechen. Es geht z. B. um den Ökomarkt, der einmal im Jahr in Lank stattfindet oder um den Pflanzentausch am Pumpen-haus. Vor allem aber geht es um die Weidenpflege. Die Kopfweide, die so typisch ist für das Landschaftsbild des Niederrheins, steht meistens an Bachrändern. Sehr vie-le gibt es nicht mehr.

Helmut Ropertz erzählt von den Anfängen des NABU in Meerbusch: „Ursprünglich kommen wir von der Ornitho-logie", sagt er, „wir waren Vogelfreunde beim DBV, dem ,Deutschen Bund Vogelschutz'. In den 1980er-Jahren wurde der DBV durch den Dachverband dann in NABU umgetauft."

1977/1978 beschnitt Helmut Ropertz mit einigen Freun-den zum ersten Mal Weiden, inzwischen hat die Weiden-pflege Tradition. In der Saison, Oktober bis Februar, ist es zwar oft kalt, doch die Arbeit macht warm. Die Gruppe ist gemischt, es gibt auch einige Frauen, die sich an der schweren Arbeit beteiligen, betont er. „Eine Gruppe von etwa zwölf Leuten trifft sich samstags um 10 Uhr und ar-beitet bis 14 Uhr. Nach zwei Stunden gibt es eine Kaffee-Tee-Pause und etwas zu Knabbern", erzählt Ropertz.

Frau Rouland und Herr Koch gehören zu der Gruppe, die sich in der Weidenpflege engagiert. Kopfweiden wurden früher von den Bauern für vieles gebraucht, erklärt mir Herr Koch. „Die Bauern machten aus dem Holz Klompen oder flochten Körbe – das ging allerdings nur, wenn man die biegsamen Korbweiden verwendete. Die hiesigen Bruchweiden sind zu spröde, um Körbe zu flechten."
Bei der Weidenpflege werden lange Äste bis zum Kopf weggeschnitten und zu Kaminholz gesägt. Die dünnen Äste werden gehäckselt. Wenn die Weiden nicht geschnitten werden, bricht der Kopf auseinander und der Baum geht ein. Herr Koch weiß, dass Kopfweiden Höhlen haben, die von Tieren genutzt werden, zum Beispiel vom Rotschwänzchen oder dem Steinkauz und den Hohltauben, aber auch manches Wiesel richtet sich in der Höhle häuslich ein. Außerdem sind diese Höhlen ein Eldorado für Insekten, denn verrottete Holzteilchen ergeben Mulm, ein Wohlfühlmittel für Insekten.

Der NABU besitzt Motorsägen, die nur von ausgebildeten Motorsägenführern benutzt werden dürfen. Die Hände der anderen werden zum Aufräumen gebraucht, denn das abgeschnittene Holz muss sortiert werden. Reisig wird aufgeschichtet und kann für Flechtzäune verwendet werden.

Der NABU möchte die Vielfalt der Natur erhalten: „Denn dort, wo der Storch klappert, wo Streuobstbäume in voller Blüte stehen oder die Nachtigall ihre Stimme erhebt, fühlt auch der Mensch sich wohl."

Deutsche Fußball-DAMENschaft

Im Stadion „Am Eisenbrand" trainierte hauptsächlich der BVB, der Ballsport-Verein-Büderich, während TURA BÜDERICH auf dem Sportplatz an der „Kanzlei" spielte. Dann kam das Milleniumsjahr 2000 – Zeit der Neuerungen! Um effektiver trainieren zu können, schlossen sich 2002 die zwei Clubs zusammen und befanden, dass das Stadion erweitert werden sollte. So entstand der Plan, das Gelände zu verkaufen, denn die „Kanzlei" in zentraler Wohnlage wäre ein prima Bauland! 2003 konnte im Stadion Am Eisenbrand mit den Erneuerungsarbeiten begonnen werden: Die Tribüne bekam blaue Sitzschalen, die Umkleidekabinen wurden neu gebaut, ein Kunstrasen gelegt, die Tornetze erneuert.

„Ein attraktives Stadion, in dem schon zweimal deutsche Jugendnationalmannschaften, die U16 und die U19 gespielt haben", berichtete Bürgermeister Dieter Spindler und weiter: „Aus den positiven Erfahrungen resultierte beim deutschen Fußballbund der Wunsch, das Stadion zum Training für die deutsche Frauenmannschaft zu bekommen. Das war natürlich eine erfreuliche Sache."

Im Dezember 2010 bekam der FC Büderich die Zusage, dass die bekannten Fußballerinnen in Büderich intern trainieren werden. Die Sensation sickerte in die Öffentlichkeit und das Telefon stand nicht mehr still. Die Fans wollten unbedingt beim Training dabei sein: „Wann kommen sie? Wann ist es so weit?", wurde Thomas Feldges, der sich als ehrenamtlicher Helfer sehr engagierte, immer wieder gefragt.

Das Spiel-Training sollte konkret am 2. Juli 2011 stattfinden und für den Sportverein war klar, das Training muss öffentlich sein, das Interesse war einfach zu groß. „Wir mussten bei der FIFA um ein öffentliches Training kämpfen!", erklärt Thomas Feldges.

Der FC Büderich bangte und schließlich erhielt er die ersehnte Nachricht, dass die deutsche Frauen-National-mannschaft am Samstagabend 18.30 Uhr öffentlich trai-niere und somit Publikum zugelassen sein würde. Bloß, das Training fand ja schon am nächsten Tag statt, so kurzfristig konnte man kaum Werbung machen! Für eine Bekanntmachung in den Meerbuscher Nachrichten und dem Extra-Tipp war es nun zu spät. Immerhin erfuhren viele Fans durch Mundpropaganda und über ARD, WDR und den Lokalsender News 89,4 von dem Ereignis.

Die ehrenamtlichen Helfer hatten alle Hände voll zu tun. Die Werbebanner an den Stadionwänden mussten ab-gedeckt werden, denn die Wände müssen für die FIFA neutral oder mit deren eigenen Werbebanden versehen sein. Markierungs-Hütchen zum Abstecken bestimmter Übungsbereiche mussten geliefert werden. Die Tornetze durften nicht farbig sein und wurden durch weiße ausge-tauscht. Der städtische Rasenplatzwart sorgte dafür, dass der Rasen eine Höhe von 2,50-3 cm nicht überschritt. Si-cherheitskräfte, 28 Security-Leute von der FIFA einge-setzt, bezahlte das Organisations-Komitee. Und Geträn-ke mussten rangeschafft werden.

Die Frauenmannschaft von Trainerin Silvia Neid kam aus Frankfurt am Main und als sie per Bus eintrafen, waren die Damen schon im Sportdress. An die 2000 Zu-schauer empfingen die Frauen! Bürgermeister Dieter Spindler schätzte sich glücklich, so nah am Geschehen zu sein. „Ein wunderschöner Abend, eine gute Stimmung – das Wetter hat mitgespielt, der Sonnenuntergang schim-merte durch die Bäume!", erzählte er mit leuchtenden Augen. Er saß am Spielfeldrand und freute sich über die gute Technik der Spielerinnen. „Schon allein das Zu-schauen war Werbung für den Frauenfußball!", sagte der noch immer begeisterte Bürgermeister.

Herbert und Herbert

Der Maler Herbert Böttger (1898–1954), in Krefeld aufgewachsen, hatte als 20-jähriger, nach seiner Rückkehr aus dem Ersten Weltkrieg, an der Düsseldorfer Kunstakademie studiert. Seine Wahlheimat wurde Büderich, wo er 1936 an der Witzfeldstraße sein Haus mit Atelier von dem Architekten Heuser (frühes Mitglied der später berühmten Architektengemeinschaft Hentrich & Petschnigg) errichten ließ. 1939 heiratete Böttger die Kölnerin Christine Schroeder, die Ehe blieb kinderlos. Schon früh, im Alter von 56 Jahren, starb der Künstler. Ewald Mataré schuf für den Malerkollegen eine Grabstele, die sich im Eingangsbereich des Büdericher Friedhofs befindet. Nach dem Tod Böttgers lebte seine Frau noch lange in dem weißgeschlämmten Haus – zart und mit schwarzem, in der Mitte gescheiteltem, zum Knoten gestecktem Haar, blieb sie jedem als besonders aparte Erscheinung in Erinnerung.

Dr. Herbert Jacobs, Vorsitzender des Fördervereins Haus Meer, wurde auf den Maler, der sich selbst „Blömkesmöler" nannte, aufmerksam, als ihm ein Katalog zur Ausstellung in der Kunsthalle Bielefeld zur „Neuen Sachlichkeit/Magischer Realismus" in die Hände fiel. Ja, doch, er erinnerte sich an den Maler, den er als Kind so oft mit Baskenmütze auf dem Kopf, den Wolfsspitz an der Leine, auf der Witzfeldstraße Gassi führen sah.

„Er sah gefährlich aus, der Spitz", erzählt Dr. Jacobs. „Ich habe auf dem Weg zur Straßenbahn manchmal mein Frühstücksbrot gegessen. Als ich einmal an dem Hund vorbeiging, konnte ich gar nicht so schnell reagieren, wie es zur Rettung meines Brotes nötig gewesen wäre – schwupp, hatte der Spitz mein Frühstück geschnappt und verschlungen!" Die Bedeutung des eigenwilligen Herrn mit Hund, von dem Dr. Jacobs wusste, dass er Maler ist, kannte er indes nicht.

Die bewusste Wiederbegegnung mit den Bildern Böttgers beeindruckte Dr. Jacobs nachhaltig und er begann, Ausstellungen mit Gemälden Böttgers zu organisieren: Beim Neffen des verstorbenen Malers und von Sammlern, so wie aus Museen, konnte Herbert Jacobs Leihgaben für eine Ausstellung 1995 in der Teloy-Mühle zusammenstellen. Die nächste Ausstellung fand 1998/1999 im Kulturzentrum Sinsteden des Rheinkreises Neuss in Rommerskirchen statt. Jacobs schwärmt, dass für ihn kein Maler die „Seele des Niederrheins mit seinen zur Melancholie stimmenden Weiten so darstellte, wie Herbert Böttger mit seinen Landschaften aus dem Fenster unter dem typischen Himmel des Niederrheins."

Die Grabstele des Malers Herbert Böttger, gestaltet von Ewald Mataré.

▓ In Nierst

In Nierst, dem nördlichsten Stadtteil Meerbuschs. sind zahlreiche alte Höfe erhalten.

Werthhof

Unweit vom Rhein, bei Flusskilometer 758, liegt Gut Werthhof, ein Vierkanthof aus dem 12. Jahrhundert, der zum Höfeverband Kloster Meer gehörte und über eine eigene Schnapsbrennerei verfügte. Heute leben auf dem Werthhof in dritter Familiengeneration die Brors. Renate Brors ist selbstständige Garten-Designerin. Vor mehr als 30 Jahren, als sie auf den Hof zog, gestaltete sie, wie könnte es anders sein, die Fläche um den Hof neu. Zum Haus hin pflanzte sie eine japanische Kirschbaumallee. Der parkähnliche Garten sei damals eine Wiese gewesen, erzählt mir die Dame; mit der Bepflanzung der Wiese und des Innenhofes konnte sie sich peu à peu einen Traum erfüllen. Das Gut ist für Renate Brors der ideale Ort, um Kunst und Natur zu verbinden und kreativ zu arbeiten. Erst 2012, nach Fertigstellung der Deichsanierung im Lanker Rheinbogen, pflanzte sie eine weitere Allee, die zum Deich führt.

Küstershof

Als ich die Werthallee verlasse, komme ich am Küstershof vorbei und werde neugierig. Ich werde freundlich empfangen, ein Mann führt mich zu seiner Schwiegermutter, der mehr als 80-jährigen Frau Menzen. Im Sessel, mit Blick auf eine große Wiese, vor sich auf einem runden Tisch ein Dessertteller mit Pfirsich, daneben ein alter Feldstecher, begrüßt sie mich.
„Solch einen Feldstecher habe ich auch noch von meinem Vater!", beginne ich die Unterhaltung.
„Ja, damit beobachte ich die Vögel", erwidert Frau Menzen. Das Eis ist gebrochen.

Bis 1980 wurde der Küstershof von ihrem Mann Heinrich betrieben. Bei Kriegsende 1945 sei Heinrich Menzen, so erzählt die alte Dame weiter, mit dem Rad nach Lank-Latum gefahren, um etwas zu besorgen. Dort waren bereits die Amerikaner. Flugs fuhr Herr Menzen zurück und sagte den Nierstern Bescheid. Alle Dorfbewohner hängten weiße Bettlaken aus den Fenstern. Die deutschen Soldaten jenseits des Rheins in Kaiserswerth beobachteten diese Aktion, beschossen Nierst und entführten die Bevölkerung auf die andere Rheinseite nach Wittlaer, wo sie die Menschen verhörten. Später, als die Amerikaner von Lank nach Nierst kamen, wurden die Dorfbewohner für einige Wochen nach Willich evakuiert. Im Küstershof nisteten sich amerikanische Soldaten ein. Das Haus wurde von den Deutschen jenseits des Rheins beschossen und einen Amerikaner habe man oben tot im Bett gefunden. Doch diese Ereignisse lagen vor Frau Menzens Zeit auf dem Küstershof, denn erst 1951 heiratete sie in den Hof ein. Frau Menzen erinnert sich gut an die schwere körperliche Arbeit und daran, dass die Zuckerrüben von Hand ausgesät und dann vereinzelt verlesen wurden. Die Rüben wurden nach Dormagen in die Zuckerfabrik gebracht. Der Rübenanbau war das Hauptgeschäft. Daneben bauten Menzens Weizen, Gerste, Hafer, Roggen und Kartoffeln an.

Heute ist der Küstershof im Dachgeschoss umgebaut und wird vom Sohn und den Enkeln bewohnt. Klugerweise sorgte Heinrich Menzen rechtzeitig für das Alter vor und ließ im Hof ein Altenteil bauen, in dem heute Frau Menzen, und in der Nebenwohnung Tochter und Schwiegersohn leben.

„Sie wohnen im Paradies!", sage ich.

„Ja, jeden Morgen kommt eine Pflegerin vorbei, und täglich eines meiner Kinder oder Enkel, um mir Guten Tag zu wünschen und nach dem Rechten zu sehen." Frau Menzen wirkt zufrieden. Sie begleitet mich mit ihrem

Rollator zur Haustür: „Etwas Bewegung tut mir gut!",
meint sie.

Siegershof

Mein Weg führt mich vom Werthhof am Rande von Nierst
in die Ortsmitte. Dort frage ich nach dem ältesten Hof,
der schon 1169 urkundlich erwähnt wurde, dem Seisthof. Doch niemand kann mir Auskunft geben. Ein junger
Mann fragt: „Vielleicht der Siegershof?" Gefühlsmäßig
steuere ich ein etwas hochgelegenes stattliches Haus an.
Ich schaue auf eine alte massive Haustür, geschmückt mit
einem Blumenkranz, hier bin ich sicher richtig und schel-
le. In der Tür wird ein kleines Fenster geöffnet, durch das
einer der Söhne mir bestätigt, dass ich am Seisthof bin,
der heute Siegershof heißt.
Ich werde zu Herrn Mertens, dem Familienältesten, ge-
beten. „Hier sitze ich gerne", sagt er zu mir auf seinem
Platz am Haus unter einer Pergola zum Hof hin und mit
einem Blick auf die etwa alle zehn Minuten startenden
Flugzeuge, die in 500 Meter Höhe sein Haus überfliegen:
„Auf die kann ich verzichten, ich brauche nicht in Urlaub
zu fliegen – mein Urlaub ist hier!"
Herr Mertens, Jahrgang 1930, ist – streng genommen –
kein Einheimischer, denn er wurde in Gellep geboren und
Gellep liegt an der Grenze zu Meerbusch. Es gehörte bis
1929 zum Amt Lank; danach zur Stadt Krefeld. Wie also
hat es ihn von Gellep nach Nierst verschlagen? Herr Mertens erzählt mir eine spektakuläre Geschichte.
In der Nähe des elterlichen Hofes in Gellep gab es eine
etwa 100 Morgen große Kiesgrube, die von den Baggerun-
ternehmern Rheinstrom und Rhenania betrieben wurde.
Rheinstrom hatte einen Dampfkran und einen modernen
Elektrobagger auf Schienen und konnte bis 18 Meter tief
baggern. Die Unternehmer schlossen sich zusammen und
kauften in den 1930er-Jahren etwa 30 Morgen Land von
den Bauern dazu.

1945 wurden Pläne zur Vergrößerung des Krefelder Hafens entwickelt. „Da hieß es, die Baggerei habe ihre Kiesgrube an die Stadt Krefeld verkauft!" Die neue Planung sah vor, den Hafen zu erweitern, damit die Schubschiffe wenden konnten. Ein Wendebecken war geplant.

„1945 waren noch 13 Bauern in Gellep. Doch ca. 1955 stand das Planfeststellungsverfahren fest und wir wurden ausgesiedelt! Es war wie beim Tagebau der Braunkohle in Garzweiler, wir mussten weichen! Aber es zog sich bis 1970 hin und immer hatten wir die Faust im Nacken!", erinnert sich Herr Mertens lebhaft.

Familie Mertens war die letzte, die aktiv von der Scholle lebte und dann ausgesiedelt wurde. Vertreter der Stadt Krefeld unterbreiteten verschiedene Vorschläge, denn die Stadt hatte Land auf Vorrat getauscht. Die Eifel wurde als zukünftige Bleibe vorgeschlagen, was den Mertens' nicht behagte. Dann konnte die Stadt Krefeld den Nierster Seisthof erwerben, nachdem die letzten Besitzer kinderlos verstorben waren. Herr Mertens verhandelte ein halbes Jahr lang, bevor er 1979 mit seiner Frau, drei kleinen Söhnen und seiner Mutter einzog. Der Vater war kurz vorher gestorben.

Der Seisthof erforderte viel Arbeitseinsatz. Jede freie Minute wurde am Hof etwas in Ordnung gebracht. So zeigt Heinrich Mertens stolz die Stuckdecke und die Säule im Eingangsbereich: „Mit dem Löffel habe ich an der Säule die Kannelierung wiederhergestellt. Und an der Decke musste der Stuck erneuert werden!" In Flur und Küche gibt es noch die alten Fliesen aus dem frühen 19. Jahrhundert, der Zeit, in der das jetzige Wohnhaus erbaut wurde. Die lang gestreckten Gebäude im Hof sind ursprünglich aus dem 12. Jahrhundert. Die drei Mertens-Söhne betreiben Landwirtschaft, es gibt eine Pferdewiese und viele Boxen, in denen Reitpferde zur Pension leben.

Die Rheinquerung

„Klak-klak-klak" weht der Wind an mein Ohr – die Verbindungsstreifen der Brückensegmente geben den Takt an, wenn Autos über die Flughafenbrücke fahren, die junge Rheinbrücke, die wir gar nicht wollten. Jahrelang wurde in der Presse von dem Plan, eine Rheinquerung bei Ilverich zu bauen, berichtet.

„Als jedoch bekannt wurde, dass es eine Brücke und keine Volluntertunnelung werden sollte, gab es viel Aufregung", erklärt mir Kajo Schmitz. Deshalb bildete sich 1981 die Bürgergemeinschaft „Stopp A 44", die u. a. alternativ eine Tunnellösung favorisierte, so wie auch der Rat der Stadt Meerbusch. Sonntagsvormittags kamen die Brückengeg-

Die im Vorfeld umstrittene Flughafenbrücke wurde 2002 eröffnet.

ner im Ilvericher Landgasthaus zur Beratung zusammen. Sprecher der Gruppe wurde der engagierte Oliver Keymis. Die Bürgergemeinschaft äußerte ihren Protest in einer Aktion, indem sie entlang der vorgesehenen Trasse durch das Naturschutzgebiet Ilvericher Bruch Bettlaken auslegte. Die Befürworter der Brücke konterten, dass den Umweltschützern Frösche und Schmetterlinge wichtiger seien als Menschen. Das war 1981.

Kajo Schmitz, der in Ilverich lebt und unmittelbar von den Planungen betroffen war, berichtet weiter: „Planungen und Entscheidungen zogen sich über ein Jahrzehnt hin. 1995 gab es die Befürwortung zu einer Volluntertunnelung durch Wirtschafts- und Verkehrsminister Wolfgang Clement. Dagegen verwies der Bundesverkehrsminister Matthias Wissmann auf eine Brückenvariante. Dann gab das Bundesverkehrsministerium bekannt, dass die A-44-Rheinquerung nach ihren Berechnungen 2010 von etwa 59 000 Kraftfahrzeugen benutzt werden würde."

Wegen zu hoher Kosten, die einen nannten 1,6 Milliarden DM, drei Jahre vorher hatte NRW-Verkehrsminister Zöpel von 700 Millionen DM gesprochen, wurden die Tunnelpläne von Bonn abgelehnt und schließlich die ‚Variante 6' für 580 Mio. beschlossen „Der Rhein sollte überbrückt, die Altrheinschlinge und der Lanker Busch sollten untertunnelt werden", erinnert sich Kajo Schmitz.

Am 26. Juni 1998 feierten die Vertreter von Bund und Land den Baubeginn der A-44-Rheinquerung. Der Protest war noch nicht gänzlich verebbt. Es erschienen 44 schwarz gekleidete Meerbuscher, um ihren Kampf um die Meerbuscher Rheinaue zu Grabe zu tragen. Im Sommer 2002 ging die Flughafenbrücke in Betrieb und seitdem schätzen alle die schnelle Verbindung zur anderen Rheinseite. Um nach Düsseldorf zu kommen, brauchten wir früher von Lank-Latum oder Strümp aus eine halbe Stunde, jetzt sind es nur noch zehn Minuten!

„Klak-klak", sagt die Brücke – Ja, ja!

Am „Rübenschlösschen"

Einer meiner Spaziergänge von Büderich zum Dyckhof führt über den Sieben-Schmerzen-Weg an den Marien-skulpturen des Künstlers Kurt Zimmermann vorbei. Die barock-geschwungene Turmhaube des Dyckhofs, ein Dach, dessen Konstruktion einem Schiffbauer zuge-schrieben wird, grüßt weit über die Felder. Der Dyckhof wurde schon im 14. Jahrhundert urkundlich erwähnt und für das Jahr 1666 ist bekannt, dass das ehemalige Rittergut Wolfgang Günther von Norprath gehörte, der es umbauen ließ. Nach der Säkularisation wurde das Gut von der Familie Werhahn erworben.

Früher lag vor der umgrenzenden Mauer am Eingang des Hofes stets ein Berg Futterrüben, der dem Gut scherzhaft den Namen „Rübenschlösschen" gab. Ende 1990 wurden die Wirtschaftsgebäude des Wasserschlosses an Werner Verhülsdonk verkauft und zum Hotelrestaurant umgebaut. 2012 ging auch das Schloss in den Besitz der Familie Ver-hülsdonk. Seitdem sich das Schloss mit frischem Anstrich und restaurierten Mauern präsentiert, will der Spitzname „Rübenschlösschen" nicht mehr so recht passen.

Ein Spazierweg entlang dem Wassergraben mit Bänken, neben den Kreuzstationen von Hanebal, führt um das Gut zum Hotel-Café Schwarz. Der Fremde ahnt nicht, dass dieses Haus 1944 nach einer explodierten Luftmine ein Trümmerhaufen war. Das gastliche Haus wird in drit-ter Generation von Magda Schwarz mit ihrem Ehemann Helmut geführt.

Dem Besucher des Dykhofs fällt die nahe Niederdonker Gnadenkapelle auf, die seit dem 17. Jahrhundert eine Wallfahrtskapelle ist. Die um das Fest Mariä Geburt im September stattfindende Niederdonker Festoktave zieht jährlich zahlreiche Gläubige an.

Seit 100 Jahren findet im September auf dem Kapellen-platz die berühmte ‚Prume-und-Appel-Taate-Kirmes' an-

lässlich der Niederdonker Festoktave statt. Beim Pfarr-
fest gibt es Buden mit Leckereien und Kerzen für die
abendlichen Lichter-Prozessionen.

Acht Tage dauert die Festoktave und jeder Tag beginnt
um 6.30 Uhr mit der ersten Heiligen Messe, die zweite
Messe ist um acht Uhr, die dritte findet um neun Uhr
statt. Auch evangelische Christen nehmen an der Oktave
teil und sind ausdrücklich zu einem Abend der Einheit
eingeladen. Am feierlichsten wird es nach Sonnenuntergang. Dann findet, nach Lesung eines Predigttextes, auf
dem Kreuzweg um das einstige Rittergut Dyckhof eine
Lichterprozession statt. Junge Männer tragen das Gna-
denbild aus der Kapelle. Jeder der Teilnehmer hält seine
Kerze, eine kleine Flamme betend in den Händen. Der
Lichterreigen bewegt sich rund um das Schlösschen und
zurück zum Kapellenplatz. Nach dem Segen sitzen alle
noch unter einem großen Zelt zusammen.

Vor einigen Jahren wurden die Kreuzwegstationen saniert. Leider mussten zwei über 150 Jahre alte Linden,
die unmittelbar vor der Kapelle standen, aus Alters-
schwäche gefällt werden. Die neu angepflanzten Linden
brauchen noch etwas Zeit, bis sie attraktive Baumkronen
entwickelt haben. Gärtner Josef Bogie, Vorsitzender des
Katholischen Fördervereins „für einander" und gleichzeitig Mitglied des Kirchenvorstands St. Mauritius und
Heilig Geist, erzählt mir, dass die Mitglieder des Fördervereins bereitwillig Spenden aufbrachten, um diese Maß-
nahmen realisieren zu können.

Weilerhof, Schloss Pesch und Haus Gripswald

Der Weilerhof stammt aus dem Jahre 1766 und ist seit 1874 im Besitz der Familie Maaßen. Im Haupthaus mit dem geschwungenen Barockgiebel lebt der Senior mit seiner Frau. Andreas Maaßen zeigt mir den zweifachen Treppenaufgang und weist stolz auf den Deckenbalken mit Datierung und Inschrift aus dem 18. Jahrhundert hin. Er deutet auf die Kölner Decke: „Die so gleichmäßig verputzten Balken zogen sich über alle Räume, und irgendwann mochte ich sie nicht mehr in allen Zimmern sehen, das heißt, wir ließen die Decken teilweise 40 cm tiefer abhängen."

Früher sei der Hof eine Fuhrmannskneipe gewesen, berichtet Herr Maaßen schmunzelnd, und weiter: „Diese Straße war die Alte Heerstraße und die Häuser hatten nur Nummern. Schloss Pesch hatte die Nr. 15, unser Hof die Nummer 16, der Sassenhof nebenan war eine ‚Krut-Pasch' mit der Nr. 17, und Haus Radong hatte Nr. 18."

Damals fuhren die feinen Leute in der Kutsche zu Schloss Pesch oder Haus Gripswald. Dazwischen machten sie gerne am Weilerhof eine Pause. „Doch die Kutscher konnten nicht mit in die Gaststube reinkommen, sie mussten ja bei den Pferden stehen. Mein Großvater erzählte, für die Kutscher habe es in der Hauswand eine Durchreiche gegeben." Herr Maaßen geht mit mir in das große Wohnzimmer, das zur Straße hin liegt. „Sehen Sie, das war früher der Gastraum. Hier in der Ecke stand der Schanktisch, und dort an der Wand war die Durchreiche, da bekamen die Kutscher ihren Schnaps."

Bis 1998 haben die Maaßens das niederrheinische Hallenhaus als Bauernhof bewirtschaftet. Sie lebten vor allem von der Viehzucht, hatten 38 Kühe und 220 Mastschweine. „Alle vier Wochen ging's zum Viehmarkt nach Krefeld zur Versteigerung. Die Tiere mussten vorher tierärztlich untersucht werden. Ein Prozedere mit Papierkram. Die Kühe müssen bis zum dritten Lebensjahr gekalbt haben und werden nur trächtig versteigert", berichtet Herr Maaßen.

Inzwischen haben die Maaßens die Wirtschaftsgebäude und Ländereien verpachtet. Im Altenteil, das 1997 gebaut wurde, lebt eine der Töchter mit ihrer Familie. Die Enkel sind die große Freude für das Seniorenpaar. Frau Maaßen liebt es, ihre Enkel zu verwöhnen und bringt täglich das leckerste Essen auf den Tisch.

Der Weilerhof in Bösinghofen liegt an der ehemaligen Alten Heerstraße, in der Nähe von Schloss Pesch.

Schloss Pesch im Winter.

Ich fahre am Baggersee vorbei auf die Straße Stümp-Bö-singhoven. Rechts liegt Schloss Pesch, das Ende des 19. Jahrhunderts zusammen mit Haus Gripswald von Prinz und Herzog Engelbert von Arenberg gekauft wurde.

Der Autor, Schauspieler und Heimatforscher Karl Schmalbach erinnert sich an ein Erlebnis mit Marie von Arenberg, einer unverheirateten Prinzessin, die auf Schloss Pesch lebte.

„In jedem Schlosspark gibt es Esskastanien. Einmal kamen wir Jungen aus Lank in den herbstlichen Park von Schloss Pesch, um Maronen zu ‚holen'. Wir brachten Taschen und Tüten mit und schlugen mit Stöcken die Kastanien herunter – immer auf der Hut, dass uns nicht jemand aus dem Schloss sieht. Doch alles blieb still. Taschen und Tüten waren gefüllt, ohne dass wir erwischt wurden – doch man hatte längst unser Treiben beobachtet, denn als wir die Allee zurückgehen wollten, stand plötzlich der Förster vor uns! Er hatte sich von hinten herangepirscht und schrieb unsere Namen auf. Wir mussten mit zum Schloss und fürchteten drakonische Strafen. Aber man stellte nur einen großen Korb vor uns hin! Dahinein unsere mühsame Ernte schütten zu müssen und zu sehen, wie der Maronenberg immer mehr wuchs, war Strafe genug."

Die Geschichte geht weiter! Als jene Knaben junge Männer geworden waren, hatten sie wieder einmal Lust auf Esskastanien und gingen in den Pescher Wald. Doch diesmal direkt bis zum Schloss. Sie schellten ordnungsgemäß und sagten, dass sie Kastanien kaufen wollten. Die alte Dame war angenehm berührt. „Woher kommt ihr denn?", wollte sie wissen. Die Antwort „Aus Lank" ließ sie verblüfft sagen: „Oh, ihr seid die ersten Lanker, die ehrlich sind!"

Schloss Pesch wurde später verkauft. Heute befinden sich in exklusiver Lage Eigentumswohnungen in Schloss und Rentei. Moderne Skulpturen signalisieren, dass die Wirtschaftsgebäude vom Galeristen-Ehepaar Hans und Stephanie Mayer gekauft wurden.

Mein Weg führt mich weiter durch eine Allee zu Haus Gripswald. Die Backsteinhof-Anlage wurde im 19. Jahrhundert von der Krefelder Industriellenfamilie Herberz erworben und renoviert. Seitdem schmücken romanische Säulen den Turm. Der Rundturm ist der älteste Gebäudeteil, vermutlich aus dem 14. Jahrhundert, während das große Haus im 16. Jahrhundert errichtet worden ist.

„Die Säulen stammen aus dem Kreuzgang des Klosters Knechtsteten, der in der Zeit der Säkularisation zerstört wurde. Die frühere Eigentümerfamilie Herberz ließ die Säulen in den Turm des Schlösschens einbauen", erklärt mir Michaela Freifrau Heereman von Zuydtwyck, geborene zu Guttenberg, und weiß eine hübsche Familienanekdote zu berichten: Als ihre Urgroßmutter, Prinzessin Sophie, die kleine Michaela als Baby betrachtete, meinte sie: „Die Kleine sieht aus wie eine von Arenberg, ich werd ihr Haus Gripswald schenken!" Die Ur-Großmama hielt Wort! 1978 zog Michaela von Heereman mit ihrem Mann und damals noch drei Kindern – nach und nach wurden es sechs – von Franken nach Gripswald. Sie erinnert sich daran, dass der große Garten früher nicht umzäunt war, sodass

Michaela Freifrau von Heereman unter einem Bildnis ihrer Urgroßmutter Prinzessin Sophie.

jeder ungehindert auf das Grundstück kommen konnte. Eines Tages stand sie mit dem Rücken zur Terrassentür in der Küche, als sie ganz nah aufgeregte Stimmen hörte: „Guck mal, Oma, die haben hier sogar eine Küche und da kocht auch jemand!"

Ein andermal saß sie mit ihrer Mutter und den Kindern auf der Terrasse bei Tee und Kuchen, als Fremde um die Ecke kamen. Die Besucher fragten sie erstaunt, warum es nicht noch mehr Tische gäbe: „Sie hatten uns von Weitem gesehen und sich schon sehr auf eine kleine Jause gefreut. Dass es sich um eine private Terrasse und nicht um eine Wirtschaft handelte, fanden sie eher ärgerlich."

Ossum-Bösinghoven

Der Weiler Ossum ist der kleinste Stadtteil von Meerbusch und verschwistert mit Bösinghoven, man spricht von Ossum-Bösinghoven. Peter Bremes gehört zu den Bürgern, die miterlebt haben, wie sich der kleine Ort Bösinghoven zu einem modernen Stadtteil entwickelt hat. Früher aber! Er erinnert sich an die große Streuobstwiese hinterm Haus und erzählt aus seiner Jugend: „Der Buersbach war stellenweise breit, und wenn er in strengen Wintern zugefroren war, haben sich viele der Ossumer Knaben auf dem Eis vergnügt. Ich hatte ein ‚Pickelstühlchen‘, d. h., ich saß auf einem Schlitten, in jeder Hand einen Knüppel, in den ich unten einen Nagel reingeschla-

Heute ist der Bösinger Hof ein beliebtes Ausflugsziel.

gen hatte. Damit konnte ich mich auf dem Eis abdrücken. Ich schob mich immer wieder damit an und konnte bis Haus Latum fahren."

Der Vater von Peter Bremes betrieb in Bösinghoven einen Landhandel und eine Mühle, in welcher er für Bauern gegen Lohn in einem mit Diesel betriebenen Mahlgang Futtergetreide mahlte. Peter Bremes erklärt den Mahlvorgang: „Es waren zwei Mühlsteine mit einem ‚Auge'. Der untere Stein lag fest, der obere Stein war mit einem Pfosten in der Mitte mit drei Krallen verbunden. Durch das ‚Auge' wurde das Getreide in einen Trichter gefüllt und es verteilte sich zwischen den beiden Mühlsteinen. Der obere Mühlstein wurde gedreht und dadurch die Körner zerrieben. Die Bauern brachten z. B. einen Sack Getreide, der dann zu Schrot gemahlen wurde. 50 kg Getreide zu mahlen kostete 50 Pfennig. Oder es wurden Naturalien einbehalten, etwa für 250 Pfund Mehl erhielt Vater Bremes fünf Pfund Mehl. Er und seine Familie mussten vom Handel und dem Mahlen leben."

Sohn Peter Bremes machte an der Handelsschule seinen Abschluss und danach eine Müllerlehre bei den Duisburger Mühlenwerken. „Das waren technisch ganz andere Verhältnisse", sagt er: „Es waren riesige, elektrisch betriebene Stahlwalzen." Dennoch betrieb er die Mühle des Vaters bis Anfang der 1970er-Jahre weiter. Dann gab er das Mahlwerk dem Museum Burg Linn, wo es sich im Magazin befindet.

Bösinghoven, das neben der Autobahn-Raststätte Geismühle liegt, ist auch wegen seines großen Biergartens am Bösinger Hof ein beliebter Treff für Motor- und Radfahrer. Wanderer führen Wege nach Ossum und in den Wald um Schloss Pesch.

Die Heinzelmännchen

Heinzelmännchen sind fleißig! Für die Karnevalsgesellschaft Büdericher Heinzelmännchen ist es ein Vergnügen, ihren Karnevalswagen zu bauen. Dafür treffen sie sich bereits im September in einer Halle der Böhlerwerke, wo der Grundwagen steht, das Gerüst, dem jährlich ein neues Kleid verpasst wird. Das neue Kostüm wird von den Büdericher Heinzelmännchen in traditioneller Weise mit Kaninchendraht, Zeitungspapier und Kleister gestaltet.

Doch bevor die Gruppe aus Frauen und Männern mit der Wagengestaltung beginnen kann, muss sie wissen, worum es gehen soll, d. h. sie braucht ein Motto! Dieses Motto wird in jeder Session durch das CC, Comitee Düsseldorfer Carneval, der Dachorganisation, ausgewählt. Die Heinzelmännchen fassen ihre Ideen mit dem ausgesuchten Thema in einen Entwurf, der dann besprochen wird. Dieser Entwurf ist Grundlage für den Bau des Rosenmontagswagens.

Ich werde aufgefordert, auf den Wagen zu steigen. Ist man oben, führt ein Treppchen zur Bühne. Dort stünden dann der Präsident, der Bürgermeister und seine Stellvertreter, wird mir erklärt. An der Brüstung des Wagens sind fest installierte Holzbehälter – ähnlich Blumenkästen – in denen sich am Rosenmontag die Kamellen befinden, die unters Volk geworfen werden. Auf dem vorderen Wagenteil wird die ca. drei Meter hohe Pappmaschee-Figur stehen.

Der Zug zieht an die elf Kilometer durch die Stadt – das dauert bis zu fünf Stunden. Im Winter ist es natürlich kalt, aber unsere Heinzelmännchen wärmen sich mit einem kleinen Flachmann und dem lauten Rufen von: „jebuddelt, jebaggert, gebützt!"

Ja, das Lachen wird jedes Jahr großgeschrieben! „Wir wollen nur Freude bereiten", so der langjährige Präsident, jetziger Ehrenpräsident und Senator Stefan Bender, der in seiner Hausbar Hunderte von Karnevalsorden hängen hat.

„Der Orden wird an Leute verliehen, die sich um den Verein verdient gemacht haben", sagt er. „Eine Zielsetzung? Nein, d. h. unser Wunsch ist Frohsinn zu bringen, Sorgen des Alltags vergessen zu lassen! Wir gehen u. a. in Senioren-Heime in Büderich und Osterath, wo wir eine Karnevalssitzung machen und uns freuen, wenn die Senioren, Mitarbeiter und Gäste mit uns singen, schunkeln und lachen."

Im Verein ist der Präsident der Repräsentant, der gemeinsam mit dem Vorstand den Verein führt. Die Büdericher Heinzelmännchen konnten 2008 ihr 60-jähriges Bestehen feiern.

Stefan Bender mit Karnevalsorden aus seiner umfangreichen Sammlung.

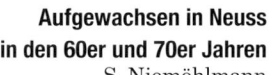